CHOIX
D'ÉDIFICES PUBLICS

PROJETÉS ET CONSTRUITS

EN FRANCE

DEPUIS LE COMMENCEMENT DU XIXme SIÈCLE.

ORDRE A SUIVRE

POUR LE CLASSEMENT DU PREMIER VOLUME.

FAUX TITRE.

TITRE.

AVANT-PROPOS.

1re Section. ÉDIFICES RELIGIEUX.
{ Texte, pages 5, 6.
{ Planches 115, 116, 117; 7, 8, 50; 31, 32; 1; 157; 193, 194, 67, 68; 2; 25; 195.

2me idem. ÉDIFICES ADMINISTRATIFS.
{ Texte, pages 7, 8.
{ Planches 181, 185, 186; 122, 123; 109, 110, 111, 112; 9, 10; 26, 27; 38, 39; 73; 203, 204.

3me idem. ÉDIFICES JUDICIAIRES.
{ Texte, page 9.
{ Planches 91, 92; 127; 37.

4me idem. ÉDIFICES D'INSTRUCTION PUBLIQUE.
{ Texte, page 11.
{ Planches 159, 160; 184; 36; 34, 35; 58, 59; 206.

5me idem. ÉDIFICES SANITAIRES.
{ Texte, pages 13, 14, 15.
{ Planches 76, 77; 105, 106, 107, 108; 113, 114; 60; 128, 129; 151, 152; 55, 56, 57; 211; 133.

6me idem. ÉDIFICES D'UTILITÉ PUBLIQUE.
{ Texte, pages 17, 18, 19, 20.
{ Planches 61, 62, 63; 189, 190, 191; 134, 135, 136, 137; 12; 16; 7; 147, 148; 202; 45; 167, 168; 173; 178.

7me idem. ÉDIFICES DE SURETÉ PUBLIQUE.
{ Texte, pages 21, 22, 23.
{ Planches 74, 75; 64; 23, 24; 65, 66; 165, 166; 145, 146; 163, 164.

8me idem. MONUMENS PUBLICS.
{ Texte, pages 25, 26, 27.
{ Planches 155, 156; 30; 199, 200; 207, 208, 209; 124, 125, 126; 141, 142, 143, 144; 70.

9me idem. ÉDIFICES FUNÉRAIRES.
{ Texte, page 29.
{ Planches 179, 180; 42; 198.

10me idem. ÉDIFICES MIXTES.
{ Texte, page 31.
{ Planches 13, 14, 15; 71, 72; 87, 88; 5, 6.

TABLEAU GÉNÉRAL.
(*Le relieur collera ce tableau sur onglet.*)

PARIS. — IMPRIMERIE DE CASIMIR
Rue de la Vieille-Monnaie, n. 12

CHOIX

D'ÉDIFICES PUBLICS

PROJETÉS ET CONSTRUITS EN FRANCE

DEPUIS LE COMMENCEMENT DU XIXme SIÈCLE;

PUBLIÉ

AVEC L'AUTORISATION DU MINISTRE DE L'INTÉRIEUR,

PAR MM. GOURLIER, BIET, GRILLON, ET FEU TARDIEU,

ARCHITECTES, MEMBRES DU CONSEIL DES BATIMENS CIVILS.

PREMIER VOLUME.

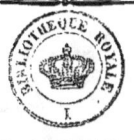

PARIS.
LOUIS COLAS, LIBRAIRE-ÉDITEUR,
RUE DAUPHINE, N° 32.

CARILIAN-GOEURY, LIBRAIRE DES CORPS ROYAUX DES PONTS-ET-CHAUSSÉES ET DES MINES,
QUAI DES AUGUSTINS, N° 41.

1825 A 1836.

AVANT-PROPOS.

Il existe sur l'Architecture un grand nombre d'ouvrages recommandables, dans lesquels des artistes de talent se sont attachés à décrire les modèles transmis à notre admiration par l'antiquité ou les époques modernes, et à nous faire connaître les compositions les plus remarquables par la beauté de leur disposition, le mérite de leurs détails ou la grandeur de leurs masses.

Toutefois, la France a été, en général, trop oubliée dans ces publications ; et, à la vue de tant de beaux édifices élevés à différentes époques de notre histoire, plus ou moins ignorés la plupart, et que le temps et les vicissitudes sociales détruisent ou mutilent chaque jour, on ne peut que désirer vivement d'en voir compléter la description de manière à en perpétuer au moins le souvenir. Mais, indépendamment de ces mémorables restes du goût et de la magnificence de la France ancienne, ce pays doit à l'époque actuelle même une série de productions architecturales qui nous ont paru d'autant plus dignes d'être connues, qu'elles se recommandent surtout par une observation exacte et judicieuse des données imposées par leur destination même, ou par des circonstances locales.

Depuis le commencement de ce siècle, il a été construit en France un nombre considérable d'ÉDIFICES PUBLICS de tous genres ; et surtout à partir du rétablissement de la paix, un respect plus religieux pour les besoins et les désirs des diverses administrations locales, et pour l'emploi des fonds destinés à y pourvoir, a permis de réaliser sur toute la surface du royaume une foule de projets trop long-temps ajournés.

Ceux de ces projets qui, en raison de leur nature ou de leur importance, devaient être soumis à l'approbation de MM. les Ministres de l'Intérieur, des Cultes, de l'Instruction publique ou du Commerce, ont été pour la plupart examinés préalablement par le Conseil des bâtimens civils, institué à cet effet près du Ministère de l'Intérieur.

Appelés, dès 1819, à partager comme Rapporteurs les travaux de ce Conseil, nous n'avons pu prendre connaissance de ses archives (dans lesquelles sont conservés des calques de tous les projets définitivement approuvés) sans nous convaincre que la publication d'un CHOIX D'ÉDIFICES PUBLICS ne saurait manquer d'être d'un intérêt général et d'une grande utilité.

Il nous parut d'abord qu'il y aurait un avantage incontestable, et pour les architectes employés par les administrations locales dans toute l'étendue de la France, et pour les administrateurs eux-mêmes, à posséder les dessins des divers d'édifices analogues à ceux qu'ils peuvent avoir à faire exécuter ; non sans doute pour se borner à en faire de serviles copies, mais pour se guider, dans le choix de telle ou telle disposition, en raison des besoins ou des ressources des localités. Il existe d'ailleurs entre les travaux publics et les travaux particuliers tant de points de contact, que les architectes qui se consacrent exclusivement à ces derniers nous parurent également devoir trouver dans une telle publication une foule de notions faites pour les intéresser.

Il nous sembla en outre que l'étude et la pratique de l'art ne pourraient que gagner à la mise au jour de projets disposés en général selon les principes d'une sage économie, quelquefois même renfermés dans les limites plus ou moins gênantes imposées par des crédits trop restreints ; de compositions basées sur des données, non pas vagues et hypothétiques, ou dérivées d'un climat et d'usages étrangers, mais positives et déduites de nos lois, de nos mœurs et de notre climat ; enfin, d'édifices presque tous terminés déjà depuis long-temps, et qui ont ainsi reçu l'épreuve et la sanction de l'expérience.

Une pareille publication nous parut encore devoir être agréable, non-seulement aux artistes en général, mais aussi à tous ceux qui s'intéressent aux progrès de l'art, en leur faisant connaître la direction utile qui lui a été donnée en France ; et sous ce point de vue, elle nous sembla ne pouvoir être indifférente même aux étrangers, toujours si désireux de s'enquérir de ce qui se fait de bon et d'utile dans notre pays.

Tels sont, ainsi que l'énonçait le prospectus de cet ouvrage, les motifs qui nous en ont fait concevoir le plan et qui nous ont portés à le mettre à exécution. Encouragés par l'approbation d'administrateurs éclairés et

T. I.

par les suffrages de personnes parfaitement à même d'apprécier l'utilité d'un pareil travail, il ne nous restait à former qu'un désir : c'était que nos confrères en général ratifiassent ces suffrages par les leurs, et que ceux d'entre eux dont nous nous proposions de publier les compositions ne vissent pas avec déplaisir un pareil projet.

Si, sous ce dernier rapport, nous avions pu un instant concevoir quelque crainte, elle eût été sans doute promptement dissipée par la considération suivante : ayant à embrasser un nombre considérable d'édifices, nous devions nécessairement adopter une échelle assez restreinte, et nous abstenir d'entrer dans trop de développemens; dès-lors, loin de nuire à des publications plus étendues des édifices que leur importance ou l'intérêt de leurs détails en rendraient susceptibles, la nôtre ne pouvait qu'inspirer le désir de les posséder, et, en même temps, elle devait faire connaître une foule de compositions également intéressantes, mais que leur moindre importance ou la multiplicité des occupations de leurs auteurs aurait laissées ignorées.

Nous n'avons en effet qu'à témoigner ici, avec la plus vive gratitude, de l'intérêt que les artistes ont pris à notre travail, ainsi que de l'empressement avec lequel ils nous ont procuré les dessins et les renseignemens qui nous étaient nécessaires. Nous leur avons même cette obligation, non-seulement pour les édifices qui, élevés sous les auspices de l'Administration, étaient plus particulièrement compris dans le cadre que nous nous étions tracé d'abord, mais encore pour quelques édifices exécutés sur des fonds particuliers, bien que toujours dans des intérêts et pour des services publics. Notre collection se trouvera ainsi plus complète, plus intéressante et plus variée.

C'est donc en général d'après des dessins communiqués par les auteurs mêmes, et conformes à leurs études définitives, qu'ont été réduites et gravées les différentes planches de cet ouvrage.

Il nous reste à entrer dans quelques détails sur le mode de publication que nous avons suivi, sur le classement que nous avons adopté, etc.

Nous n'avions annoncé en premier lieu que deux volumes de chacun cent planches environ; mais, dès-lors, l'abondance des matériaux rendait ces limites tout au plus suffisantes; à plus forte raison ont-elles cessé de l'être depuis qu'une haute sagesse, imprimant à tous les arts une heureuse impulsion, est venue, non-seulement assurer l'achèvement de tant d'édifices dès long-temps commencés, mais faire exécuter encore tant de nouvelles et utiles entreprises.

Nous avons donc dû porter d'abord à cent trente environ le nombre des planches qui entreront dans chaque volume; et il est probable, en outre, qu'un troisième volume sera nécessaire pour embrasser tout ce que nos matériaux offrent d'intéressant. Nous espérons d'autant plus voir cette extension approuvée par nos souscripteurs en général, que plusieurs d'entre eux nous l'avaient expressément demandée.

Ainsi que nous l'avions annoncé dans notre prospectus, nous avons successivement composé chaque livraison d'édifices de natures diverses, en nous réservant d'indiquer plus tard l'ordre dans lequel les planches devraient être classées et reliées. Afin de donner avant l'achèvement total de l'ouvrage la possibilité d'en relier au moins une partie, nous nous sommes arrêtés à un ordre de classement par suite duquel chaque volume présentera une série à peu près complète des différentes natures d'édifices, réparties en dix sections particulières que nous allons indiquer sommairement :

Première section. *Édifices religieux :* Églises, chapelles, évêchés, séminaires, presbytères; temples protestans; synagogues.

Deuxième section. *Édifices administratifs :* Palais des chambres, ministères, préfectures, hôtels-de-ville, monnaies, etc.

Troisième section. *Édifices judiciaires :* Palais-de-justice, tribunaux de divers degrés.

Quatrième section. *Édifices d'instruction publique :* Colléges, écoles, bibliothèques, musées, etc.

Cinquième section. *Édifices sanitaires :* Lazarets, hospices et hôpitaux, asiles d'aliénés, établissemens thermaux, etc.

Sixième section. *Édifices d'utilité publique :* Bourses, entrepôts, halles et marchés, abattoirs, etc.

Septième section. *Édifices de sûreté publique :* Casernes, corps-de-garde, prisons de divers degrés.

Huitième section. *Monumens publics :* Arcs de triomphe, statues et colonnes commémoratives; lieux de réunion publique, tels que places, promenades, théâtres, etc.

Neuvième section. *Édifices funéraires :* Chapelles, tombeaux, etc.

Dixième section. *Édifices mixtes :* Ensembles formés par plusieurs édifices attenant l'un à l'autre, mais ayant chacun une destination spéciale ; ou édifices réunissant des localités affectées à des services différens, etc.

Nous plaçons en tête de chaque section une ou plusieurs pages de texte. Nous y présentons, outre quelques notions générales, les renseignemens que nous avons pu recueillir, pour chaque édifice en particulier, sur les motifs de son érection, le mode de construction, le montant de la dépense, etc.

Chaque section comprend, suivant son importance, un nombre plus ou moins grand d'édifices.

Chaque édifice occupe une ou plusieurs planches, suivant ses dimensions et la nécessité d'en faire connaître les différentes parties.

Afin que les détails des diverses compositions fussent rendus d'une manière convenable, nous avons dû employer différentes échelles ; mais nous avons eu soin d'en restreindre le nombre autant que possible, et de les établir entre elles dans des rapports simples et faciles à saisir.

Indépendamment du texte qui accompagne chaque section, nous nous sommes attachés à inscrire sur les planches mêmes, au moyen de légendes suffisamment développées, les principaux renseignemens qui peuvent être nécessaires pour leur parfaite intelligence.

Enfin, un tableau général, placé à la fin de chaque volume, présente l'ensemble des édifices qui y sont compris, avec l'indication : 1° des lieux où ils sont élevés ; 2° des époques de leur construction ; 3° des noms de leurs auteurs ; 4° du nombre et des numéros des planches qui y sont consacrées.

Nous nous proposons en outre de donner, à la fin du dernier volume, un tableau qui réunira les mêmes indications pour l'ensemble de l'ouvrage, ainsi qu'une liste générale de nos souscripteurs.

Nous avions espéré que la totalité des planches serait gravée sous la direction de feu M. Clémence, ancien pensionnaire de l'école royale d'Architecture à Rome, qui avait déjà exécuté plusieurs entreprises de ce genre avec une perfection appréciée des artistes ; la mort est venue, à notre grand regret, l'enlever dès le commencement de ce travail, ainsi que M. Thierry aîné, l'un des habiles collaborateurs qu'il s'était choisis. Mais nous avons été constamment aidés, avec autant de zèle que de talent, par M. J.-J. Olivier, auquel M. Normand fils s'est adjoint pour un certain nombre de planches ; et MM. E. Olivier, Marlier, etc., ont bien voulu également se charger d'en graver quelques-unes. Nous reconnaissons avec plaisir tout ce que l'ouvrage doit aux soins de ces artistes distingués.

RAPPORT

ADRESSÉ A MONSIEUR LE MINISTRE DE L'INTÉRIEUR, PAR L'ACADÉMIE ROYALE DES BEAUX-ARTS, SUR LE PREMIER VOLUME DU CHOIX D'ÉDIFICES PUBLICS (a).

Le Secrétaire perpétuel de l'Académie certifie que ce qui suit est extrait du procès-verbal de la Séance du samedi 11 mars 1837.

MESSIEURS,

Monsieur le Ministre de l'Intérieur, en adressant à l'Académie des Beaux-Arts le premier volume du Choix d'Édifices publics, a manifesté le désir de connaître l'opinion de l'Académie sur cette publication. Il l'invite en conséquence à vouloir bien en faire l'examen, et à lui adresser le rapport qui devra en résulter.

L'Académie, pour répondre aux vues de M. le Ministre, a chargé sa section d'Architecture de ce travail. La section, après avoir pris connaissance de l'ouvrage que vous lui avez renvoyé, a l'honneur de vous exposer dans le rapport suivant le résumé des observations auxquelles il a donné lieu.

CIRCONSTANCES QUI ONT MOTIVÉ LA PUBLICATION DE L'OUVRAGE.

On sait qu'en général les projets de construction des édifices publics qui doivent s'élever en France sont préalablement soumis à l'examen du Conseil des bâtiments civils, qui, après les avoir approuvés ou modifiés, donne son avis motivé dans un rapport adressé au Ministre, qui, d'après cet avis, accorde ou refuse son autorisation.

Un calque et un relevé des devis et projets approuvés restent déposés aux archives du Conseil des bâtiments pour que l'on puisse s'assurer de l'exactitude apportée à l'exécution des plans, que les Architectes chargés des travaux se sont renfermés dans la limite des dépenses votées, et aussi afin d'être à même de juger de l'opportunité des modifications que des circonstances particulières pourraient rendre nécessaires dans le cours de l'exécution.

Le nombre des édifices publics de tous genres érigés en France depuis le commencement de ce siècle étant considérable, les archives du Conseil offrent un riche dépôt qu'il aurait été d'autant plus utile de pouvoir consulter que tous les matériaux précieux qu'il renferme sont, en quelque sorte, le résumé des convenances locales et administratives, mûrement méditées d'après les besoins des services divers, et peuvent être considérés comme des documents devant servir de programme et de guide dans les cas analogues qui se présentent.

MM. Gourlier, Biet, Grillon et feu Tardieu, voyant avec peine que tant de plans d'édifices exécutés, dont les dispositions pouvaient devenir d'une si grande utilité, étaient, pour ainsi dire, enfouis dans les archives, en pure perte pour l'art, ont eu l'heureuse idée de prier M. le Ministre de vouloir bien les autoriser à faire un choix dans ces nombreux dessins, pour en former un corps d'ouvrage qui, répandu par la publication, deviendrait un titre de gloire pour la France et ne pourrait manquer d'exciter un intérêt général.

DIVISION DE L'OUVRAGE.

Ces Architectes, ayant obtenu du Ministre l'autorisation qu'ils avaient sollicitée près de lui, ont fait en conséquence réduire un grand nombre de dessins à différentes échelles, sous un format régulier, pour être publiés par livraisons; 36 ont déjà paru. Le premier volume que nous avons sous les yeux contient 70 édifices et présente une division de 10 catégories d'édifices publics, dans l'ordre suivant : *Édifices religieux, administratifs, judiciaires, d'instruction publique, sanitaires, d'utilité et de sûreté publique; Monuments publics, funéraires et mixtes :* un texte explicatif est joint aux planches; il fait connaître succinctement ce qui a motivé l'exécution des édifices, leur destination, leur distribution, les lieux où ils ont été élevés,

---

(a) Les suffrages dont l'Académie a bien voulu honorer notre publication ont trop de prix pour que nous ne nous empressions pas de comprendre ce Rapport dans notre trente-septième livraison.

Il fera partie du texte de notre deuxième volume.

la dépense à laquelle ils ont donné lieu, et enfin les noms des Architectes qui ont été chargés de leur exécution. La gravure des planches a été confiée à MM. Olivier, Normand fils et Marlier, qui ont pleinement justifié, par les soins qu'ils ont apportés à leur travail, la juste réputation qu'ils se sont acquise comme graveurs d'Architecture.

UTILITÉ DE L'OUVRAGE.

D'après l'examen de l'ouvrage qui fait l'objet du présent rapport, la section se plaît à reconnaître que la plupart des édifices dont se compose le premier volume sont remarquables, soit par leur belle disposition, soit par une distribution convenable ou par un caractère bien approprié à leur destination. Elle considère ces heureux résultats comme le fruit de la bonne direction donnée à l'enseignement dans les écoles, et comme un témoignage satisfaisant de l'état de l'architecture en France. Aussi n'hésite-t-elle pas à reconnaître l'utilité d'un tel recueil ; car, s'il est quelquefois nécessaire de laisser les élèves donner l'essor à leur imagination, il n'en saurait être de même lorsque des intérêts positifs leur sont confiés. Tout écart alors devient une faute grave ; et ce n'est que guidés par l'expérience de ceux qui les ont précédés que nos jeunes Architectes peuvent appliquer avec avantage les talents qu'ils ont acquis dans le cours de leurs études. Ces leçons de l'expérience, rien n'est plus propre à les leur donner que l'examen des ouvrages exécutés que présente le *Choix d'Édifices publics*. Ici, rien n'est idéal ; tout au contraire est réel, positif. Ce sont des édifices dont l'usage a fait reconnaître les convenances, les avantages et même les inconvénients.

C'est donc principalement sous ce rapport que le recueil de ces édifices devient d'une grande utilité. Si les jeunes Architectes appelés par la confiance du Gouvernement à diriger des constructions, si les Architectes des départements, éloignés des ressources et des lumières que l'on peut aisément se procurer dans la Capitale et dont ils sont souvent privés, si tous ceux enfin qui sont appelés à l'érection d'édifices publics ne rencontrent pas toujours dans cet ouvrage des modèles à copier, ils y trouveront toujours du moins des programmes bien faits, accompagnés de figures ; ils y trouveront les convenances et les besoins d'édifices exécutés et servant depuis longtemps à l'usage de celui de même genre dont ces Architectes pourraient être chargés ; ils y verront qu'une sage économie n'exclut pas une bonne disposition, et que ces deux conditions ne sont pas incompatibles. Il ne peut donc qu'être très-avantageux pour tous de consulter cette collection.

CONCLUSION.

D'après tout ce qui vient d'être exposé, la section pense que l'ouvrage de MM. les Rapporteurs du Conseil des bâtiments mérite des éloges et de l'encouragement ; qu'on doit leur savoir gré de la conscience qu'ils ont apportée à l'exécution d'un recueil essentiellement utile, et les engager à en poursuivre la publication avec le même zèle.

Signés à la minute : PERCIER, FONTAINE, HUYOT, VAUDOYER, DEBRET, LECLÈRE, GUÉNEPIN, LE BAS, Rapporteur.

L'Académie adopte les conclusions du rapport.

Certifié conforme :

Le Secrétaire perpétuel,
QUATREMÈRE DE QUINCY.

PREMIÈRE SECTION.

ÉDIFICES RELIGIEUX.

Nous regrettons de ne pouvoir placer en tête de cette section une *Cathédrale* (on sait que ce nom est réservé aux églises près desquelles il y a un *archevêché* ou un *évêché*); nous n'en connaissons aucune qui ait été construite à neuf depuis le commencement de ce siècle.

Nous aurions désiré pouvoir donner dès à présent, au nombre des *Églises Paroissiales*, celle *de la Madeleine*, à Paris, dont la construction est commencée depuis si long-temps, et dont l'extérieur est entièrement terminé; mais la décoration intérieure n'en est pas encore assez avancée pour que nous ayons pu la publier.

Il en est de même de l'*Église Sainte-Geneviève*, connue sous le nom de *Panthéon français*.

Plus tard, nous aurons également à faire connaître plusieurs autres églises qui ont été construites à Paris, ainsi que celle de *Saint-Vincent-de-Paule*, qui est en ce moment en construction.

ÉGLISE PAROISSIALE DE NOTRE-DAME-DE-LORETTE,

A PARIS (SEINE);

Par M. HIPPOLYTE LEBAS, ancien pensionnaire de l'Académie de France à Rome, membre de l'Institut.

1823 à 1836.

3 planches numérotées 115, 116 et 117.

C'est à la suite d'un concours que M. Lebas a été chargé de la construction de cette église.

Indépendamment des tableaux qui sont indiqués dans les coupes, les quatre chapelles d'angle, le pourtour du chœur et du sanctuaire, les pendentifs et les coupoles ont été ornés de peintures représentant des sujets de l'Histoire sainte; elles ont été exécutées à l'huile sur les murs mêmes, préparés d'après les procédés qui avaient déjà été employés pour la coupole de l'église de Sainte-Geneviève, suivant les indications de MM. Thénard et d'Arcet, membres de l'Académie des Sciences.

Les artistes les plus célèbres de la capitale ont été chargés de l'exécution de ces différentes peintures, ainsi que des sculptures qui ornent le frontispice, le maître-autel, etc.

Les plafonds des nefs sont exécutés en menuiserie sculptée et dorée.

La dépense totale s'élèvera à environ 1,800,000 fr., indépendamment de près de 400,000 fr. consacrés aux objets d'art.

ÉGLISE PAROISSIALE DE SAINT-VINCENT,

A MACON (SAÔNE-ET-LOIRE);

Par feu M. GUY DE GISORS, vice-président du Conseil des bâtiments civils.

1810.

3 planches numérotées 7, 8 et 50.

Cette église a été en partie exécutée sous la direction de feu M. Guillemot, ingénieur des ponts et chaussées.

En outre des dessins de l'ensemble de l'édifice, nous donnons, sur une plus grande échelle, un autel, le banc d'œuvre et un confessionnal.

ÉGLISE PAROISSIALE,

A BERCY (SEINE);

Par M. CHATILLON, ancien pensionnaire de l'Académie de France à Rome.

1823.

2 planches numérotées 31 et 32.

Cette église a coûté environ 271,000 fr.

ÉGLISE SUCCURSALE,

A NOISY-LE-SEC (SEINE);

Par M. GUERNEPIN, ancien pensionnaire de l'Académie de France à Rome, membre de l'Institut.

1824.

1 planche numérotée 1.

Cette église a coûté à peu près 45,000 fr.

CHAPELLE,

DANS LA COMMUNE DES HERBIERS (VENDÉE);

Par M. MACQUET, architecte.

1825.

1 planche numérotée 157.

Cet édifice avait été élevé, au point culminant de la Vendée, en mémoire du voyage de madame la duchesse d'Angoulême dans ce pays, en 1823.

Il a servi ensuite à l'exercice habituel du culte, et a depuis été démoli.

Sa construction, toute en granit, a coûté environ 120,000 fr.

ÉVÊCHÉ,

AU PUY (HAUTE-LOIRE);

Par M. LEDRU, architecte du département du Puy-de-Dôme.

1829.

2 planches numérotées 193 et 194.

La disposition de cet édifice, et l'importance de l'étage de soubassement, sont motivées par sa situation sur une esplanade élevée, attenante à la cathédrale.

On a utilisé, pour la décoration de l'entrée principale, des colonnes qui proviennent de l'ancien palais épiscopal.

La dépense s'est élevée à environ. . . . . 220,000 fr.

SÉMINAIRE,

A MOULINS (ALLIER);

Par M. AGNETY, architecte du département.

1828 à 1836.

2 planches numérotées 67 et 68.

Cet édifice n'est pas encore totalement achevé. La dépense totale sera d'environ 300,000 fr.

PRESBYTÈRE,

A LANGON (GIRONDE);

Par M. POITEVIN, architecte du département.

1823.

1 planche numérotée 2.

Ce presbytère est situé d'une manière très-pittoresque, le jardin étant terminé par une terrasse élevée sur le bord de la Garonne, à un endroit où ce fleuve décrit un coude très-prononcé.

Il a coûté environ 15,000 fr.

TEMPLE PROTESTANT,

A MARSEILLE (BOUCHES-DU-RHÔNE);

Par feu M. PENCHAUD, architecte, directeur des Travaux publics du département des Bouches-du-Rhône.

1824.

1 planche numérotée 25.

La ville de Marseille compte cinq à six mille protestans, appartenant presque tous à des familles riches et commerçantes.

Le culte réformé y avait été, jusque dans ces derniers temps, célébré dans un édifice à location; des souscriptions couvertes par les membres des deux communions ont mis à même d'acheter, moyennant 50,000 fr., l'emplacement actuel, situé rue Grignan, dans l'un des plus beaux quartiers de la ville, et à proximité de la demeure de la plupart des religionnaires.

La nécessité de contenir une population déjà nombreuse et toujours croissante a forcé, pour faire usage de toute l'étendue du terrain, à tirer les jours du haut.

La dépense de construction, non compris le mobilier, a été à peu près de 49,000 fr., dont plus de moitié a été votée par le conseil municipal; le surplus a été supporté par les religionnaires mêmes.

SYNAGOGUE,

A PARIS, rue Notre-Dame-de-Nazareth (SEINE);

Par feu M. SANDRIÉ, architecte.

1819 et 1820.

1 planche numérotée 195.

Il y a à Paris près de trois mille personnes professant la religion juive; une assez grande partie de cette population habite le quartier dans lequel cette synagogue a été élevée.

Elle a coûté:

Pour acquisition de l'emplacement et de quelques constructions qui y existaient. . . . . 76,000 fr.

Et pour construction. 236,000

En tout. . . . . 312,000 fr.

Cette dépense a été l'objet d'un emprunt contracté avec l'autorisation du Gouvernement, et qui a été rempli par les religionnaires mêmes.

Le resserrement du terrain entre des propriétés voisines a forcé à en utiliser toute l'étendue, et à n'éclairer cet édifice que par des jours dans la voûte.

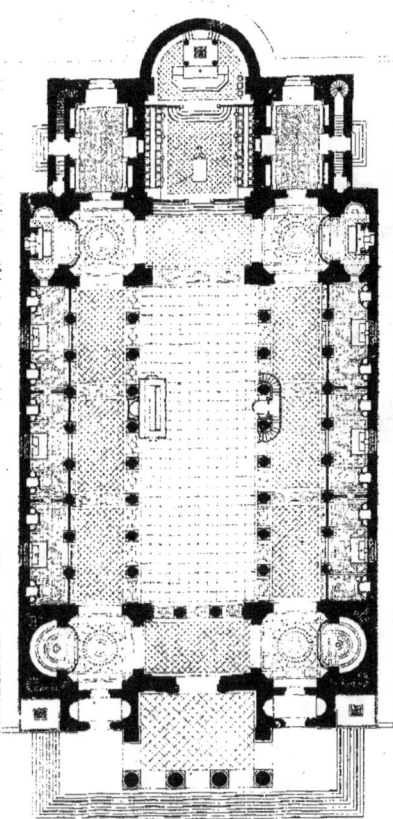

Plan Détaillé.

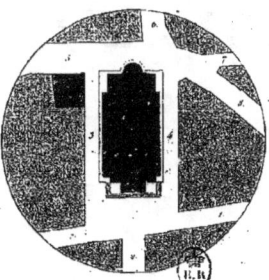

Plan Général.

Église Paroissiale de Notre-Dame de Lorette, construite à Paris. (Seine.) Pl. 1re
(1830.)

Bâtitᵗˢ Religieux.

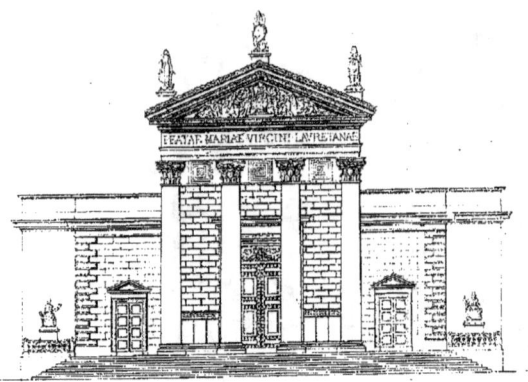

Élévation Principale.

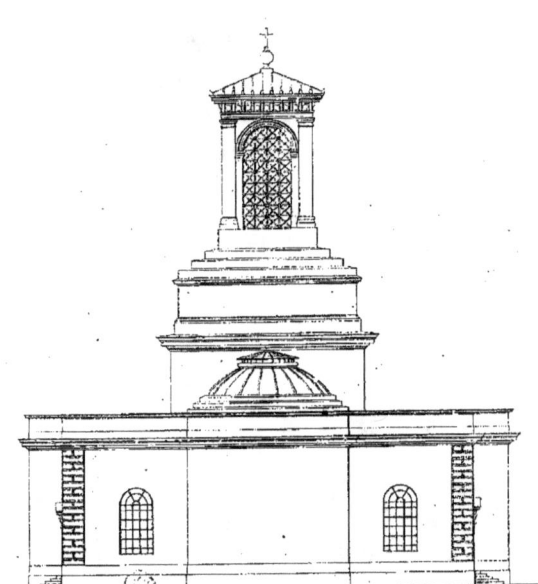

Élévation Postérieure.

Église Paroissiale de Notre-Dame de Lorette, construite à Paris (Seine) Plᶜʰᵉ 4ᵐᵉ (1850.)

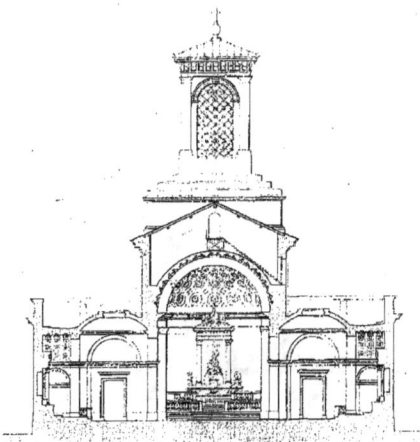

Coupe Transversale, au droit du Maître A. tel.

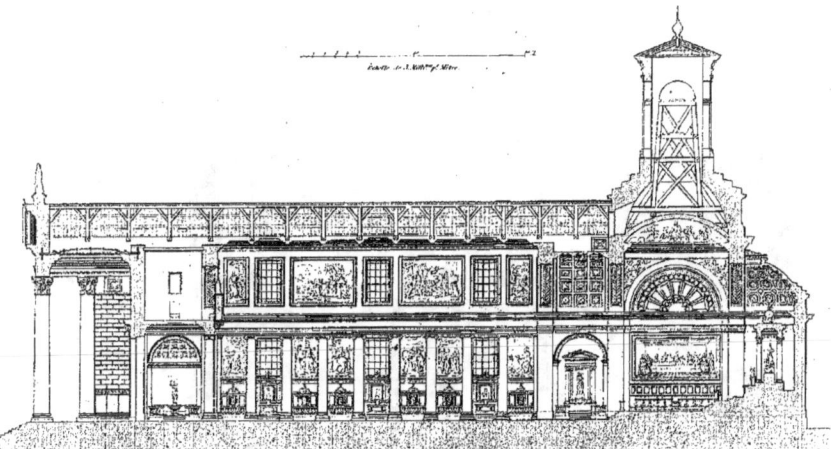

Coupe Longitudinale.

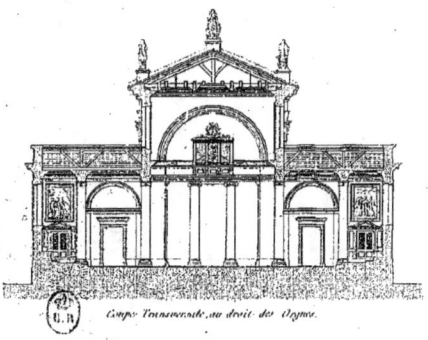

Coupe Transversale, au droit des Orgues.

Église Paroissiale de Notre-Dame de Lorette, construite à Paris. (Seine.) Pl.che 3.me
(1830.)

Édifices Religieux.

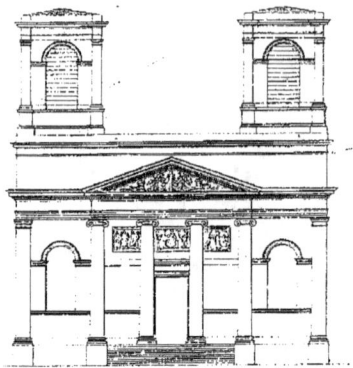

Élévation Principale.

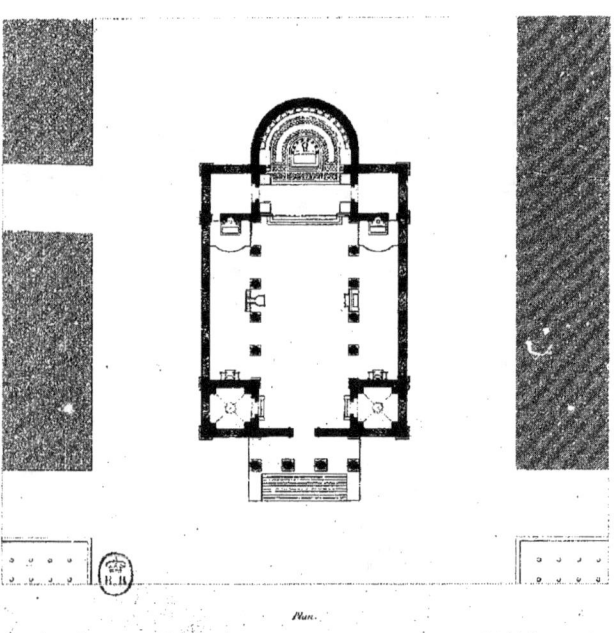

Plan.

Église Paroissiale de St Vincent, éxécutée à Mâcon (Saône-et-Loire)

Édif.ᶜᵉˢ Religieux.

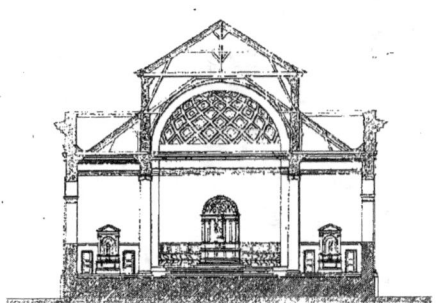

Coupe Transversale.

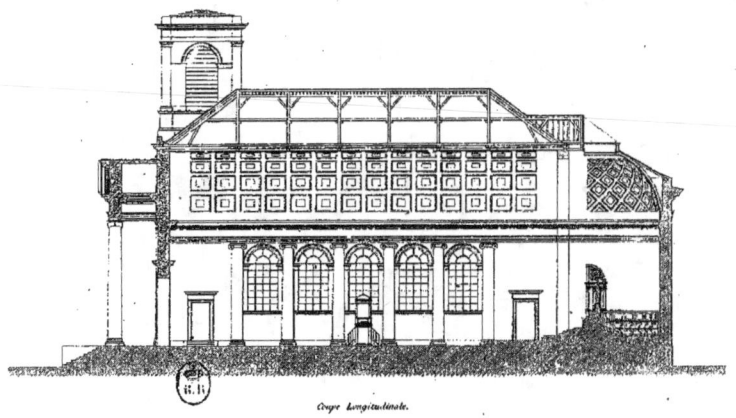

Coupe Longitudinale.

Église Paroissiale de St-Vincent, exécutée à Mâcon (Saône-et-Loire). Pl.ᶜʰᵉ 2.

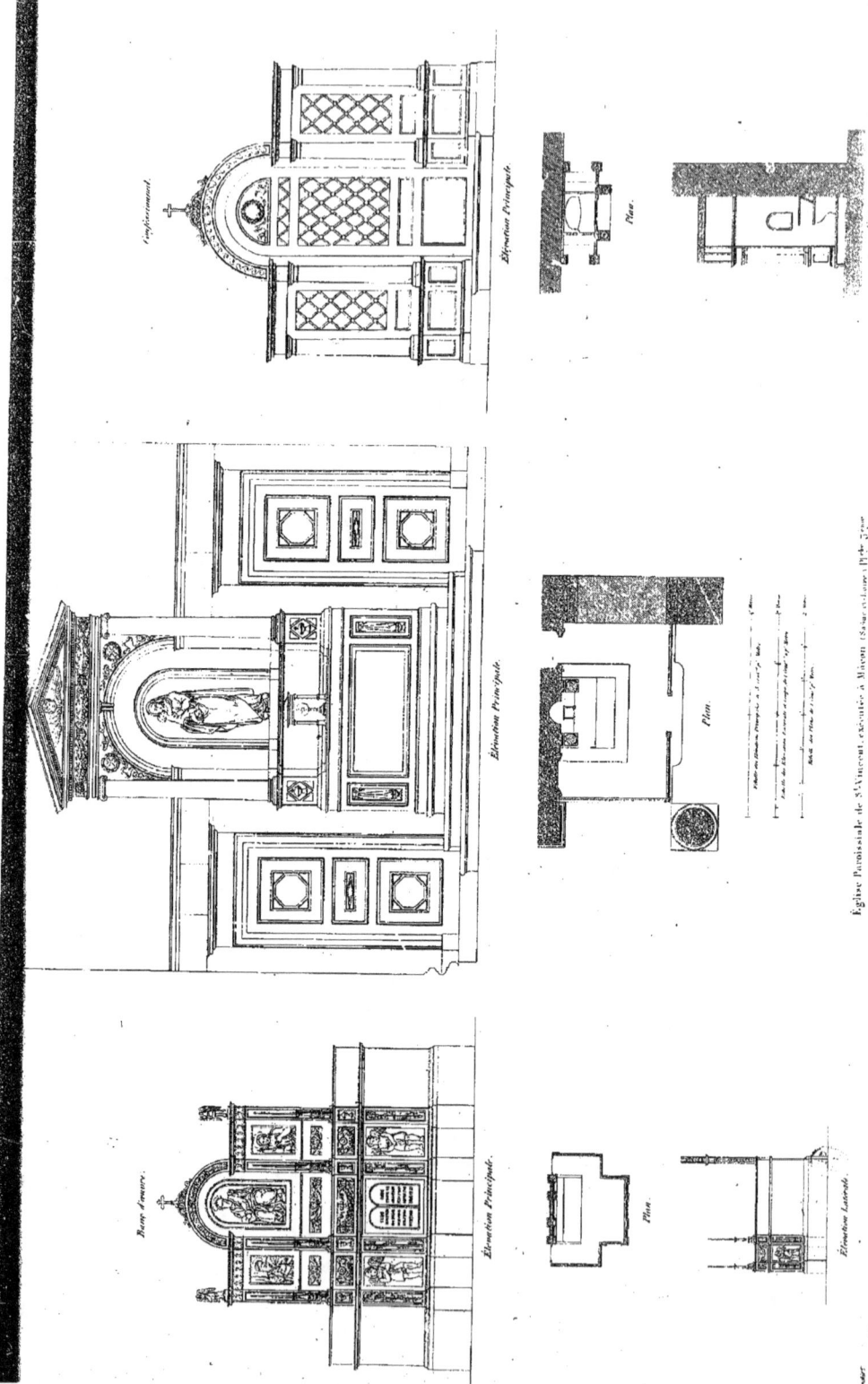

Édifice Religieux.

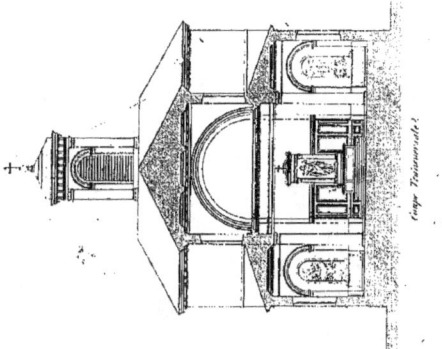
Coupe Transversale

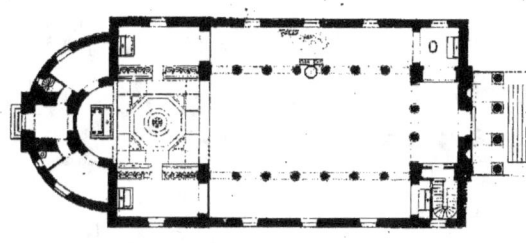
Église cantonale à Peney (Genève) Plan 1er
(1843)
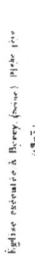

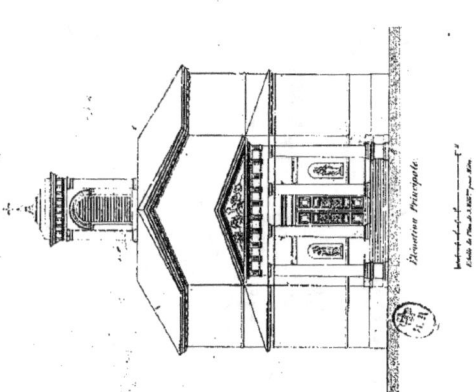
Élévation Principale

Edifices Religieux.

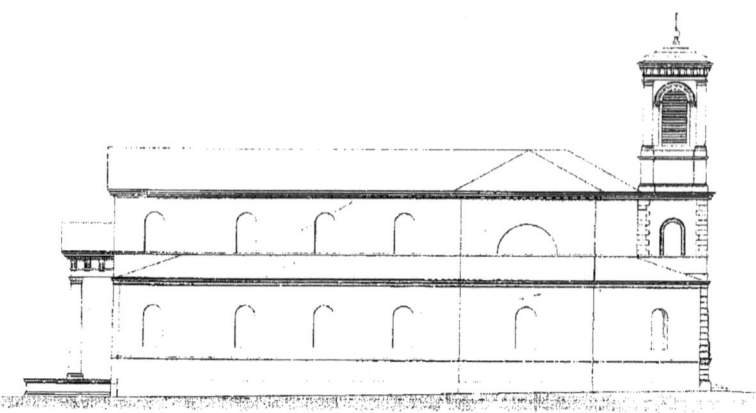

Élévation Latérale.

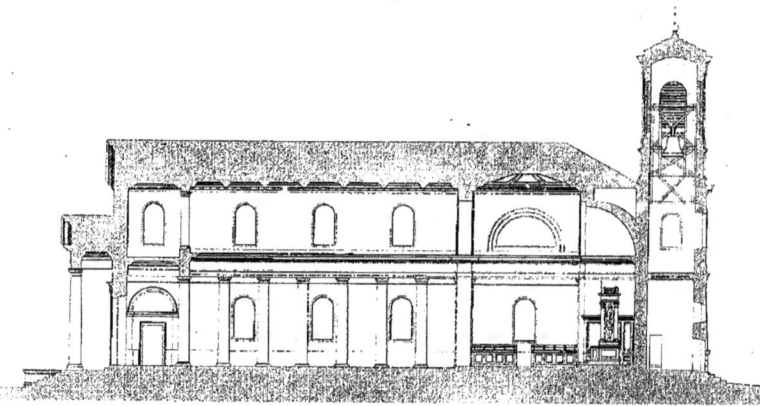

Coupe Longitudinale.

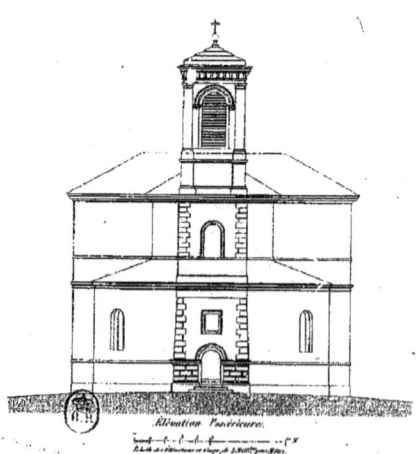

Élévation Postérieure.

Église exécutée à Bercy. (Seine.)
(1823.)

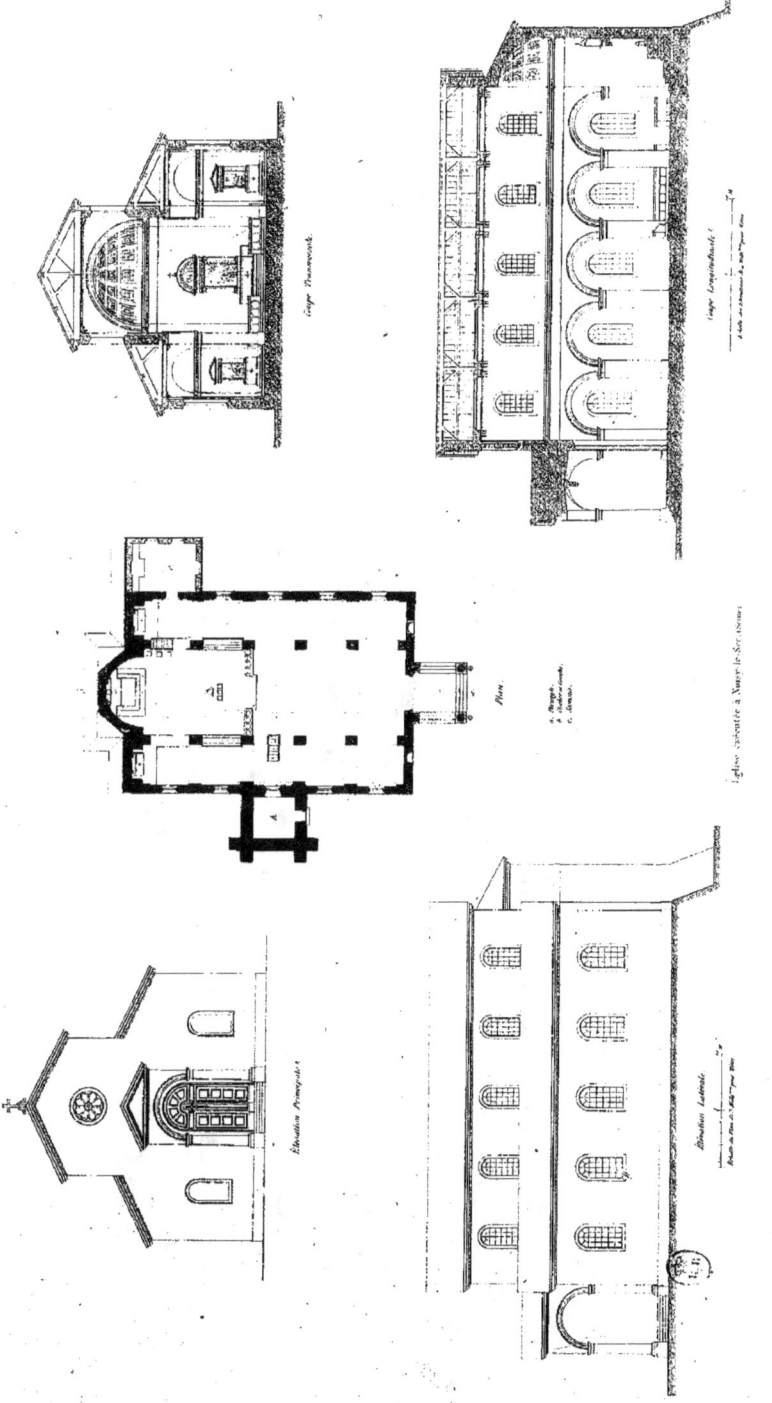

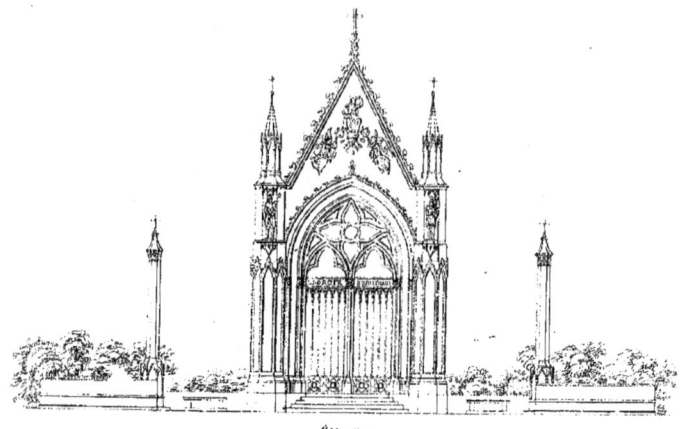
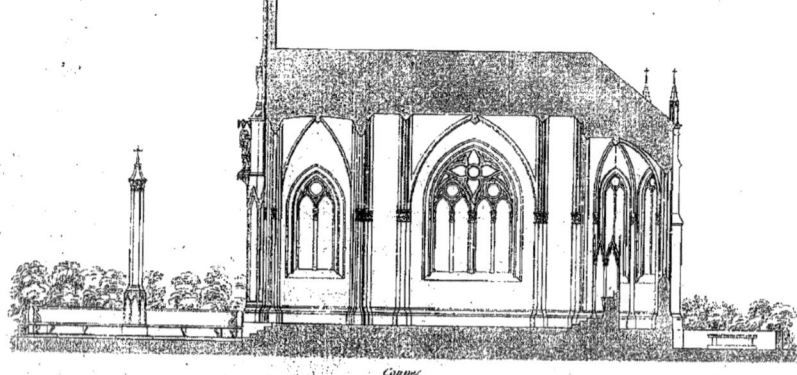

Chapelle construite dans la commune des Herbiers. (Vendée.)
(1835).

Edif.ᶜᵉˢ Religieux.

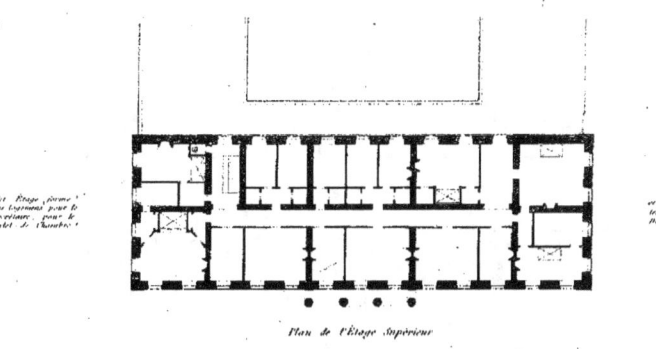

Plan de l'Étage Supérieur.

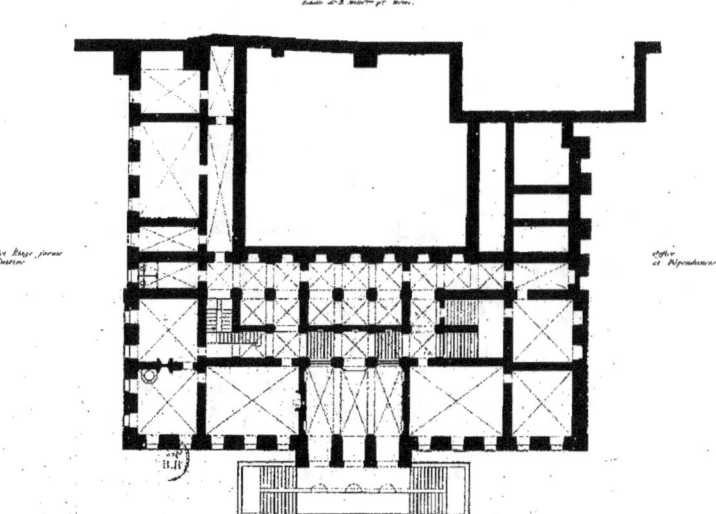

Plan de l'Étage Principal.

Évêché construit au Puy (Haute-Loire) Pl.ᶜʰᵉ 1ᵉʳᵉ
(1829)

Établ.ts Religieux.

Élévation Principale.

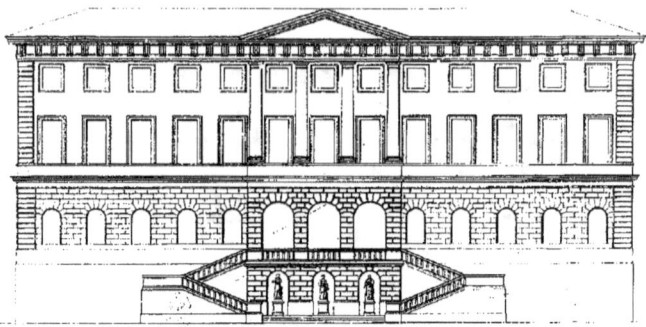

Élévation Latérale.

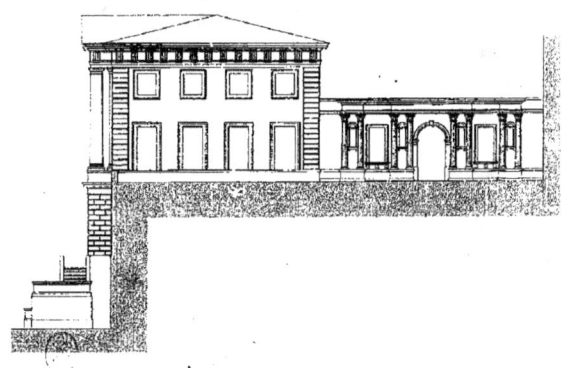

Coupe.

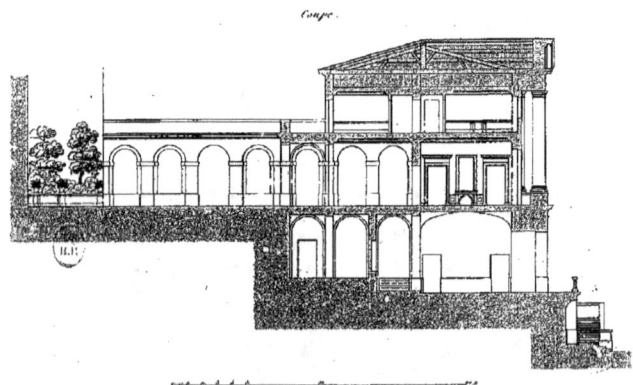

Évêché construit au Puy. (Haute-Loire.) Pl.che 2.me
(1829.)

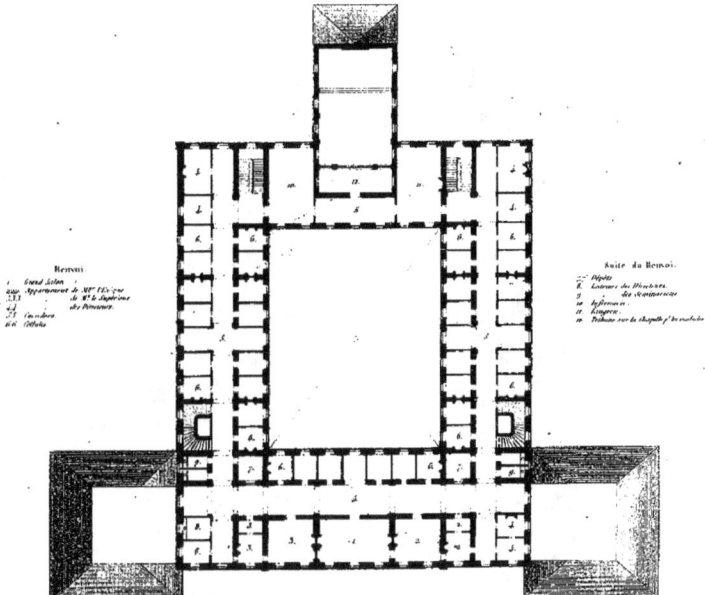

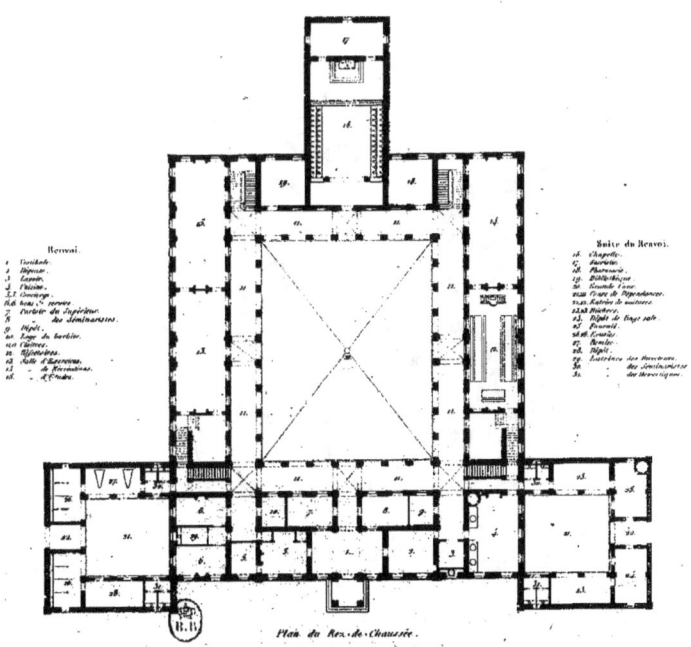

Séminaire exécuté à Moulins. (Allier.) Pl.1.ère
(1848)

Édif.ce Religieux

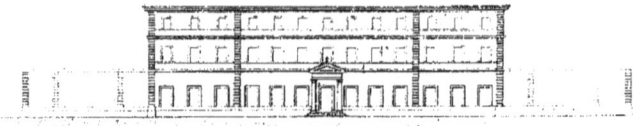

Élévation Principale.

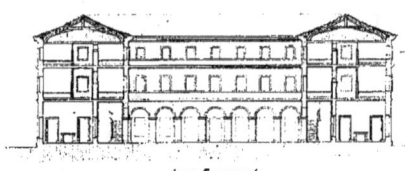

Coupe Transversale.

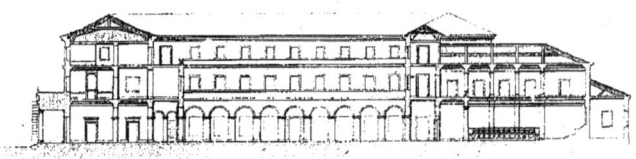

Coupe Longitudinale.

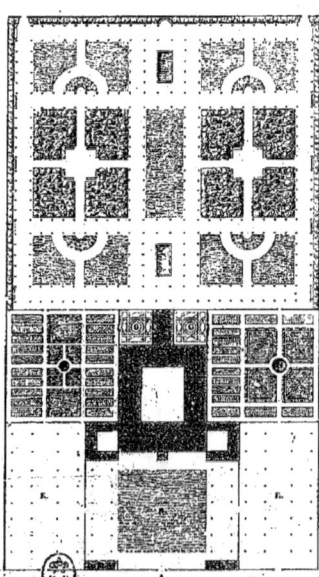

Plan Général.

Séminaire, exécuté à Moulins (Allier) P.ᵗᶜʰᵉ 2.ᵐᵉ
(1828)

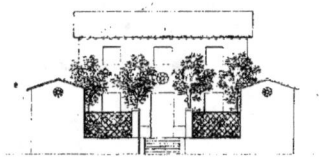

Élévation du côté de l'entrée.

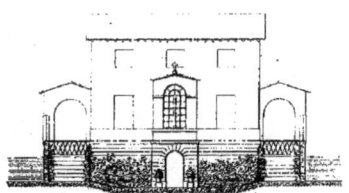

Élévation du côté du jardin.

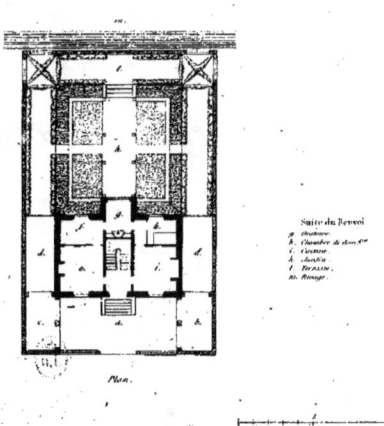

Plan.

Presbytère, projeté pour Langon (Gironde)

Coupe Transversale, vue du côté de l'Entrée.

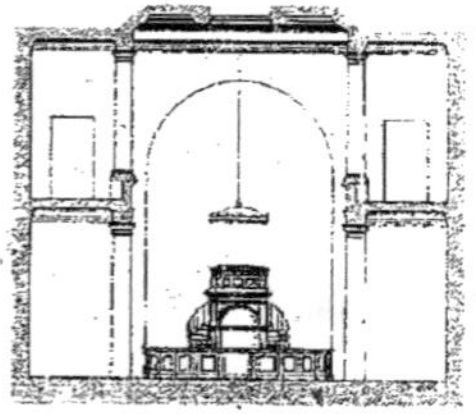

Plan du Rez-de-Chaussée.

Renvois du Plan du Rez de Chaussée
a. Table de communion
b. Chaire à prêcher
c. Porte d'entrée
d. Chapelle donnant sur la sacristie
e. Vestibule du Temple
f. f. Escaliers montants aux Tribunes

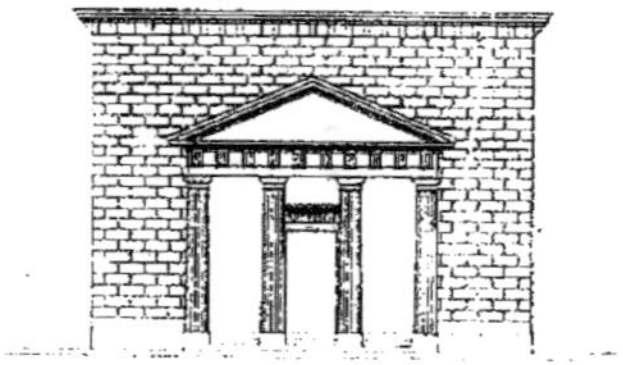

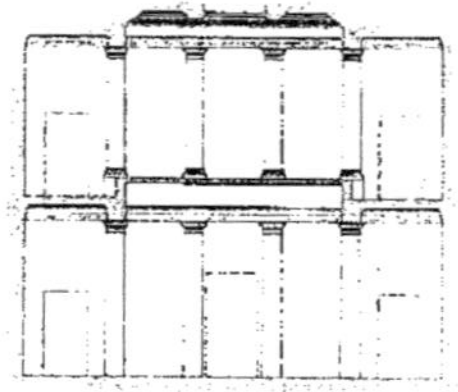

Élévation Principale.

Coupe Longitudinale.

Temple des Protestans ouvert à Marseille, Boulevard du Musée, 1824-1825.

Renvois du Plan à l'Étage Supérieur
A. Tribunes
B. Escaliers
C. Orgue

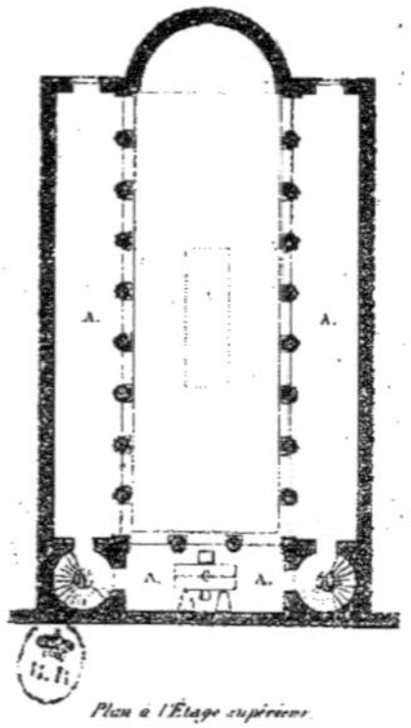

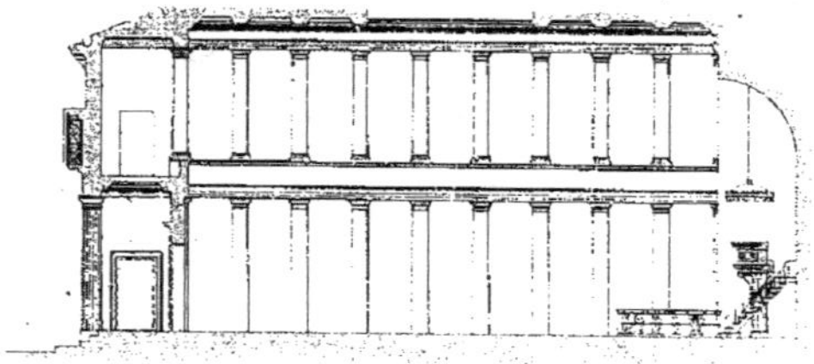

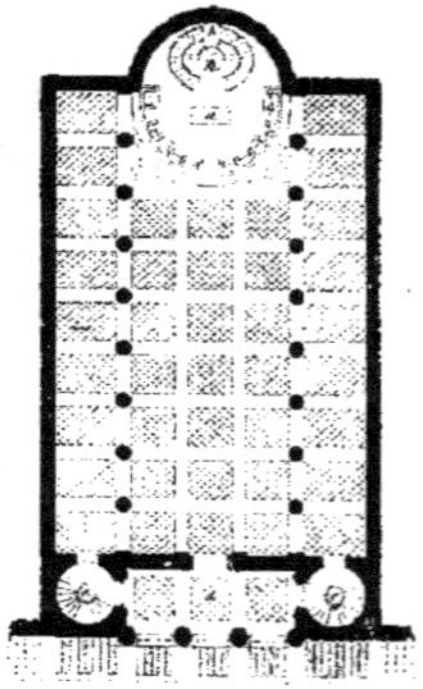

Coupe Transversale, vue du côté de la Chaire.

Plan de l'Étage supérieur.

Édif.... Religieux

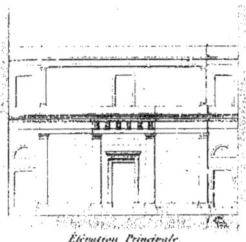
Élévation Principale.

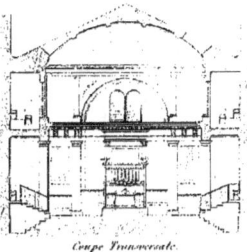
Coupe Transversale.

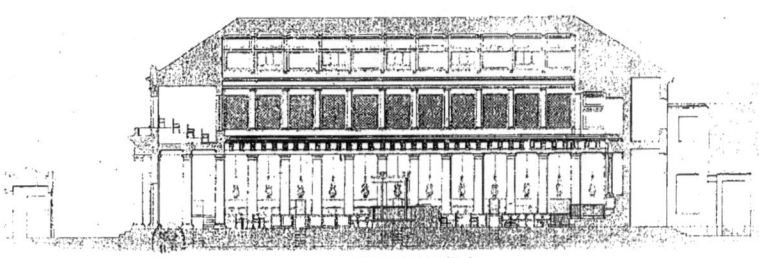
Coupe Longitudinale.

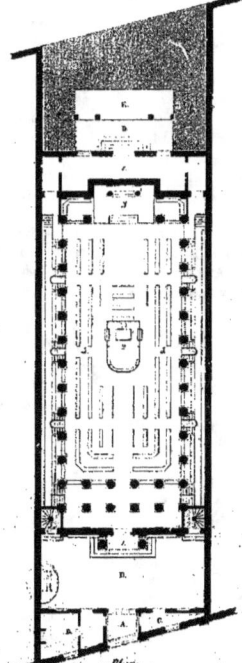

Renvoi.
A. Entrée.
B. Concierge.
C. Latrines.
D. Cour.
E. Bâtiment renfermant une
  Synagogue pour les Juifs
  Portugais.

Suite du Renvoi.
G. Vestibule.
H. Abside.
J. Tables de la Loi.
J.J. Places des hommes; les femmes
  ne sont jamais admises dans
  les Synagogues isolées.
J.J. Escaliers des Tribunes qui sont
  entièrement réservées aux femmes.

Plan.

Synagogue construite rue N.D. de Nazareth à Paris (Seine).

DEUXIÈME SECTION.

ÉDIFICES ADMINISTRATIFS.

Nous plaçons dans ce volume, en tête de cette section, la *Chambre des Députés*, dont les travaux sont terminés depuis plusieurs années ; nous espérons pouvoir donner la même place, dans le volume suivant, à la *Chambre des Pairs*, dont la reconstruction est commencée et doit être achevée promptement.

De même, nous donnons ici le *Ministère des Finances*, établi depuis long-temps dans une partie des bâtimens uniformes des rues de Rivoli et de Castiglione ; et nous comptons donner pour le volume suivant l'important édifice du quai d'Orsay, déjà terminé extérieurement, mais dont les intérieurs ne sont point achevés et dont la destination n'est pas encore définitivement fixée.

Enfin, plus tard, nous espérons avoir à comprendre dans notre collection l'*Hôtel-de-Ville* de Paris, agrandi et complété d'après le projet dont on s'occupe en ce moment.

Nous aurions désiré pouvoir placer, entre les *Hôtels de Préfecture* et les *Hôtels-de-Ville* que nous donnons ici, un *Hôtel de Sous-Préfecture* ; mais il n'en a été construit, à notre connaissance, aucun qui offre un intérêt suffisant.

CHAMBRE DES DÉPUTÉS, ET SALLE PROVISOIRE,

A PARIS (SEINE) ;

Par M. **DE JOLY**, architecte de la Chambre.

1828 à 1833.

5 planches numérotées 184, 185 et 186 ; 122 et 123.

La principale partie du palais Bourbon, maintenant occupée par la Chambre des Députés et distinguée sur notre plan d'ensemble par une teinte plus foncée, avait été commencée en 1722, pour S. A. R. Louise de Bourbon, par un architecte italien nommé Girardini, et continuée successivement par Lassurance, Gabriel et Aubert.

Lassurance avait également construit le pavillon, situé à l'extrémité de la grande avenue, qui forme maintenant l'habitation du président de la Chambre, et qui ne fut réuni que plus tard au palais Bourbon, ainsi que les autres bâtimens représentés par le plan d'ensemble.

La Révolution ayant fait de ce palais une propriété nationale, il fut en partie affecté à la tenue des séances du Conseil des Cinq-Cents ; et, à cet effet, feu MM. Gisors aîné et Le Comte firent construire, en l'an III de la République, une salle assez remarquable, sous le rapport de l'art, pour qu'on doive regretter que la précipitation et l'économie apportées à son établissement ne lui aient pas assuré une plus longue durée.

Sous l'Empire, le Corps-Législatif y fut également installé ; et, en 1807, feu M. Poyet fut chargé de faire élever le péristyle qui fait face au pont de la Concorde.

En 1814, la Chambre des Députés continua d'occuper ce local, mais à titre de location, le prince de Condé étant rentré en possession du palais.

Dès 1822, des craintes avaient été conçues sur la solidité de l'ancienne salle ; et l'on agita à différentes reprises la question de savoir si l'on devait, ou aviser aux moyens de faire cesser ces craintes, ou choisir un autre local pour la Chambre.

Enfin, en 1827, l'État fit l'acquisition de toute la partie du palais qui est distinguée sur le petit plan d'ensemble par une teinte moins foncée (le surplus est depuis devenu, par disposition testamentaire, la propriété de S. A. R. le duc d'Aumale) ; et, en 1828, on commença la reconstruction de la salle et d'une partie de ses dépendances : cette opération est indiquée sur le plan de détail par une teinte plus foncée.

Aux élévations et coupes des parties dues à M. de Joly, nous joignons l'élévation du péristyle en face du pont, construit par feu M. Poyet.

La plupart des planchers, des voûtes et des combles, et principalement la coupole de la salle des séances, ont été construits en charpente de fer et en poteries creuses ; les couvertures sont exécutées en cuivre.

Des marbres, en grande partie tirés de carrières françaises, et principalement des Pyrénées, ainsi que des peintures et des sculptures dues à nos premiers artistes, ornent la salle des séances et les pièces accessoires les plus importantes.

L'ensemble des travaux de reconstruction, restauration, etc., a occasionné une dépense totale de 4,420,000 fr., dont 340,000 fr. ont été consacrés à des objets d'art proprement dits (peinture et statuaire).

En 1829, on reconnut qu'il était indispensable de préparer un local provisoire pour la tenue des séances pendant l'exécution des travaux de la salle même ; et, à cet effet, une salle presque toute en charpente fut élevée en moins de deux mois dans une des cours du palais. Nous avons cru qu'il ne serait ni sans utilité, ni sans intérêt, d'en donner également les dessins, auxquels nous avons en conséquence consacré les planches 122 et 123. Cette salle, qui a servi aux sessions de 1830 et de 1831, a coûté à peu près 150,000 fr. (les matériaux, comptés seulement pour location, ayant été repris en compte par les entrepreneurs).

M. de Joly prépare, sur la totalité de ces importans travaux, une publication détaillée qui doit paraître très-prochainement.

MINISTÈRE DES FINANCES,

A PARIS, RUE DE RIVOLI ;

Par M. **DESTAILLEUR**, architecte du Ministère des Finances.

1812 à 1827.

4 planches numérotées 109, 110, 111 et 112.

Quelques mots ne seront peut-être pas déplacés ici sur le vaste ensemble formé par les constructions uniformes de la rue de

Rivoli, qui, en longeant la terrasse dite des Feuillans, complète l'isolement du jardin des Tuileries, et de la rue de Castiglione, qui met ce jardin en communication directe avec la place Vendôme, la rue de la Paix et les boulevards.

Dès les premières années du règne de Louis XVI, on avait conçu le projet de ces rues, pour l'exécution desquelles il fallait traverser non-seulement l'emplacement de l'ancien manège, mais encore une partie de celui du couvent des Feuillans et des Capucines.

La réalisation de ce projet eut lieu vers 1807; on arrêta en même temps, d'après les dessins de MM. Percier et Fontaine, architectes de l'Empereur, le système de décoration uniforme et de portiques qui règne dans ces deux rues. Nulle part ces dispositions ne pouvaient être mieux placées : presque toujours l'inégale division des terrains, et leur possession par des familles plus ou moins aisées, auxquelles il est difficile d'imposer la charge et les gênes d'une décoration uniforme, en rendent l'application à peu près impossible; et bien souvent, en outre, il n'en résulte qu'un aspect froid et monotone. Mais ici les terrains, faisant presque tous partie du domaine de l'État, ont pu être distribués convenablement et vendus à la charge de se conformer au mode d'exécution arrêté pour les façades, de façon à assurer aux abords de la résidence royale la régularité et la dignité convenables, et à éviter qu'il y soit élevé aucune construction mesquine ou bizarre. Enfin, autant les portiques, malgré les avantages qu'ils présentent en eux-mêmes, conviendraient peu, en général, dans le centre de la ville, où la largeur toujours assez restreinte des rues ne laisse jamais trop de jour ni d'air, et où le terrain est si précieux pour le commerce et l'industrie, autant ils conviennent, au contraire, dans ces rues larges et bien éclairées.

Le vaste emplacement compris entre les rues de Rivoli, de Castiglione, du Mont-Thabor et Neuve-du-Luxembourg, avait d'abord été, dans les dernières années de l'Empire, destiné à un nouvel Hôtel des Postes, en remplacement de celui qui existe au centre du quartier populeux et commerçant de la place des Victoires. Les constructions furent même commencées à cet effet en 1812, d'après les dessins et sous la direction de feu M. Bénard, architecte du Ministère des Finances.

Mais, en 1822, on abandonna ce projet; et l'on conçut l'idée utile de réunir en cet endroit, non-seulement le Ministère des Finances et le Trésor royal (qui occupaient deux vastes hôtels à droite et à gauche de l'entrée de la rue Vivienne), mais encore toutes les administrations financières accessoires qui étaient disséminées dans divers quartiers. C'est ce qui a eu lieu en effet au grand avantage du public.

La totalité des constructions a coûté à peu près 10,400,000 fr.

Il a été fait, en outre, l'acquisition d'un nombre assez considérable de maisons particulières sur les rues de Castiglione et Neuve-du-Luxembourg. Quelques-unes de ces maisons, à l'angle des deux rues, ont été provisoirement conservées, et affectées à diverses branches de l'administration; on se propose de les démolir plus tard pour compléter l'ensemble de l'édifice.

HOTEL DE PRÉFECTURE,

A AJACCIO (CORSE);

Par M. Alexandre DE GISORS, architecte.

1822.

2 planches numérotées 9 et 10.

L'exécution de cet édifice a été confiée à M. Jouvin, ingénieur des ponts et chaussées, et a subi divers changemens.

HOTEL DE PRÉFECTURE,

A ÉPINAL (VOSGES);

Par M. GRILLOT, architecte du département.

1824 à 1827.

2 planches numérotées 26 et 27.

Cet édifice, exécuté avec simplicité, est construit presque entièrement en moellons granitiques du pays, recouverts d'enduits en mortier.

Il a coûté à peu près 225,000 fr.

HOTEL-DE-VILLE,

A MOULINS (ALLIER);

Par M. AGNETY, architecte du département.

1821.

2 planches numérotées 38 et 39.

Cet édifice, indépendamment des diverses localités réclamées par sa destination spéciale, comprend une bibliothèque publique ayant une entrée particulière.

Toutes les façades, intérieures et extérieures, sont construites en pierres de taille.

L'ensemble de cette construction a coûté 319,000 fr.

HOTEL-DE-VILLE,

A SEDAN (ARDENNES);

Par M. DELERUE, architecte du département.

1822.

1 planche numérotée 73.

Cet édifice, quoique peu étendu, renferme les diverses localités nécessaires à sa destination dans une ville secondaire.

HOTEL DES MONNAIES,

A NANTES (LOIRE-INFÉRIEURE);

Par M. GENGEMBRE, architecte.

1825.

2 planches numérotées 203 et 204.

Cet hôtel des monnaies est le seul qui ait été construit spécialement pour cette destination depuis le commencement de ce siècle.

Sa construction a coûté environ 150,000 fr.

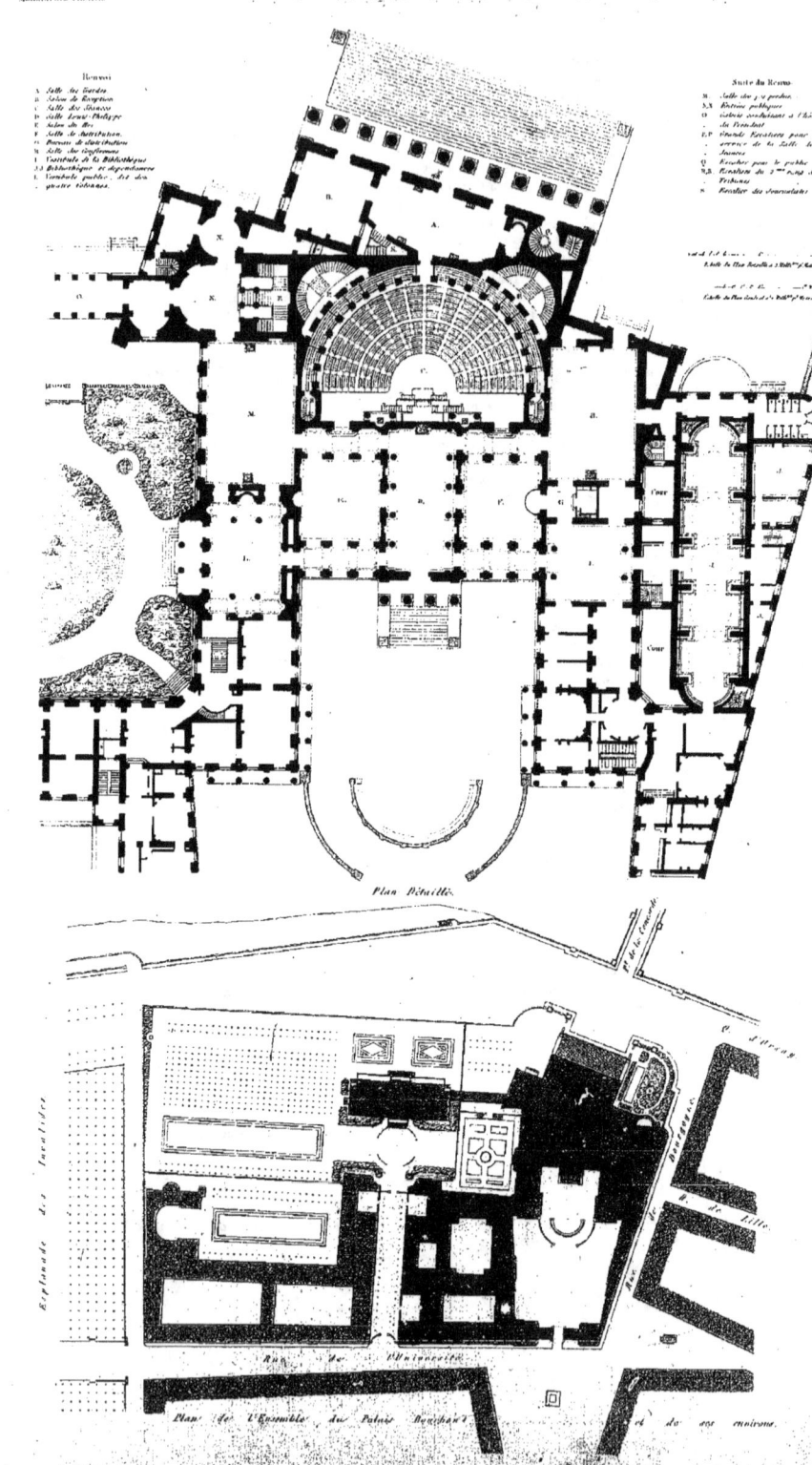

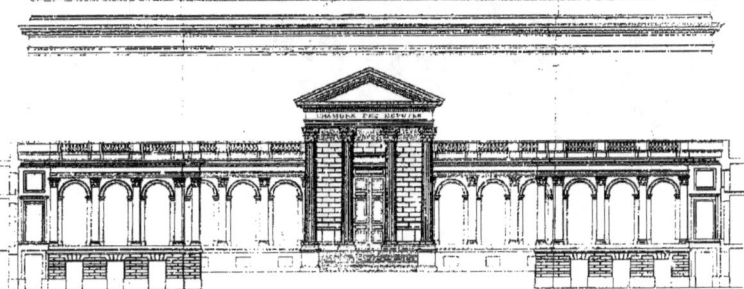

Élévation sur la Cour.

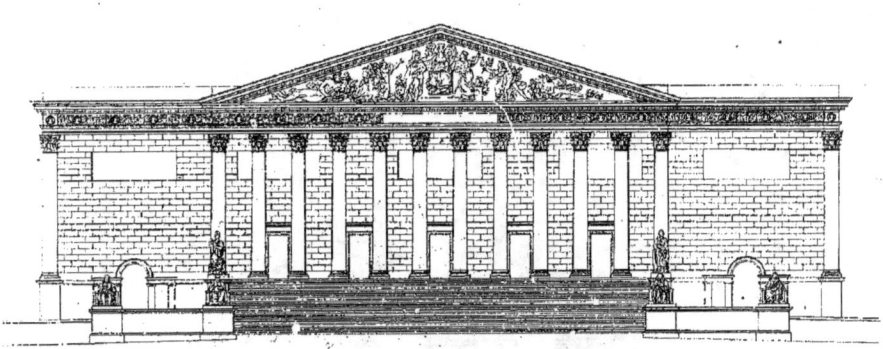

Élévation Principale.

Chambre des Députés, construite à Paris. (Seine.)
(1808 à 1833.)

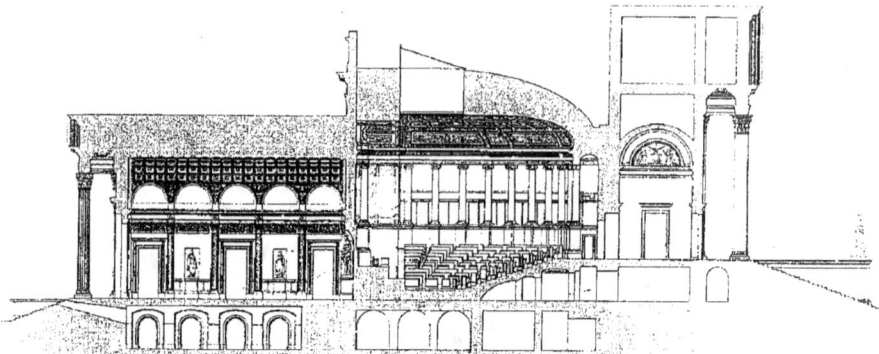

Coupe dans l'axe de la Salle des Séances.

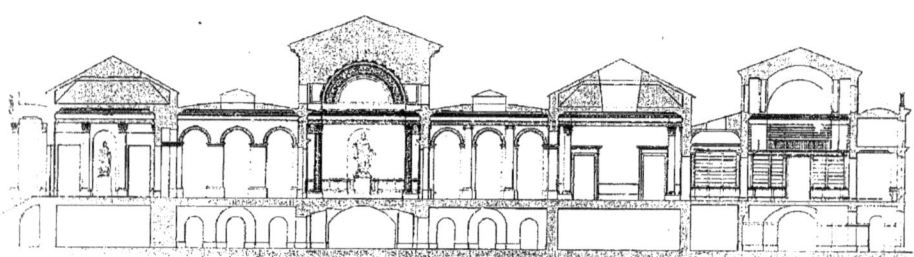

Coupe dans l'axe transversal des Salles accessoires et de la Bibliothèque.

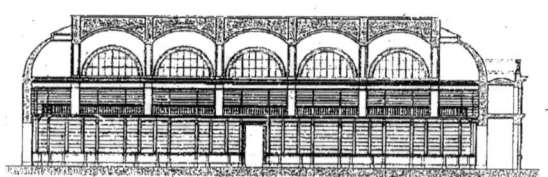

Coupe dans l'axe longitudinal de la Bibliothèque.

Chambre des Députés, construite à Paris. (Seine.) Pl. 3me
(1828 à 1833)

Monuments Publics.

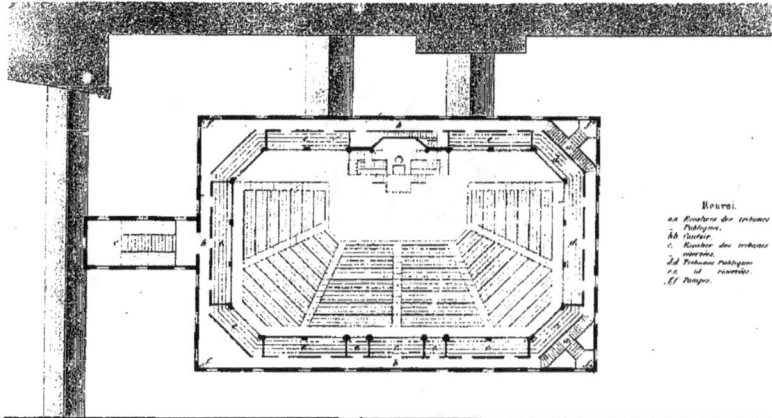

Plan au niveau des tribunes.

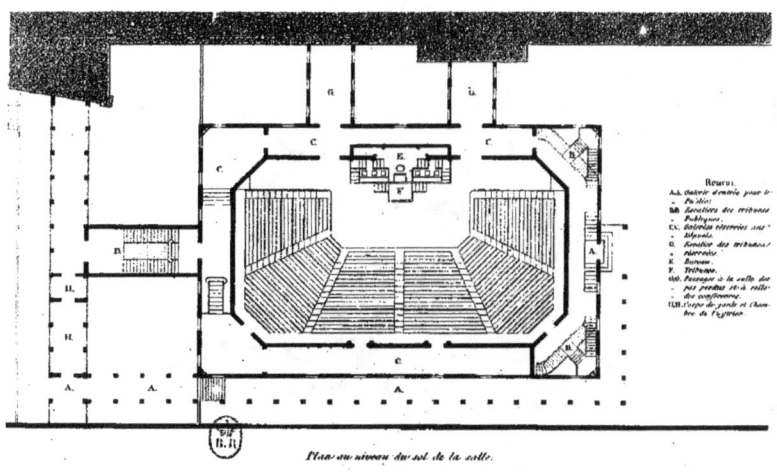

Plan au niveau du sol de la salle.

Salle provisoire de la Chambre des Députés, construite à Paris. (Seine)
(1829)

Monuments Publics.

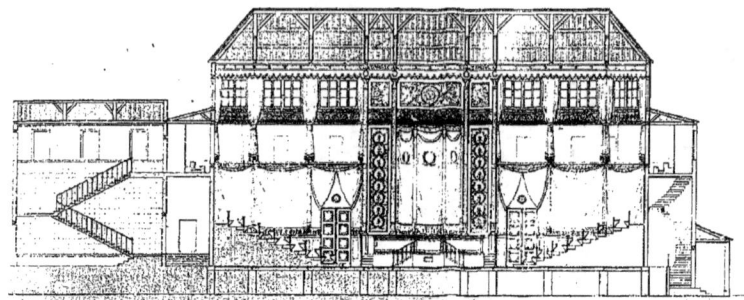

Coupe Longitudinale.

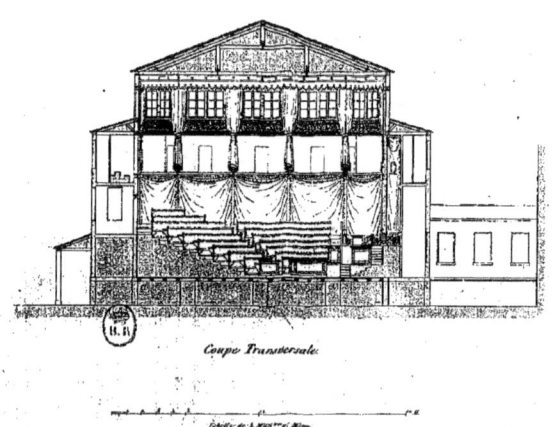

Coupe Transversale.

Salle provisoire de la Chambre des Députés, construite à Paris. (Seine.)
(1848)

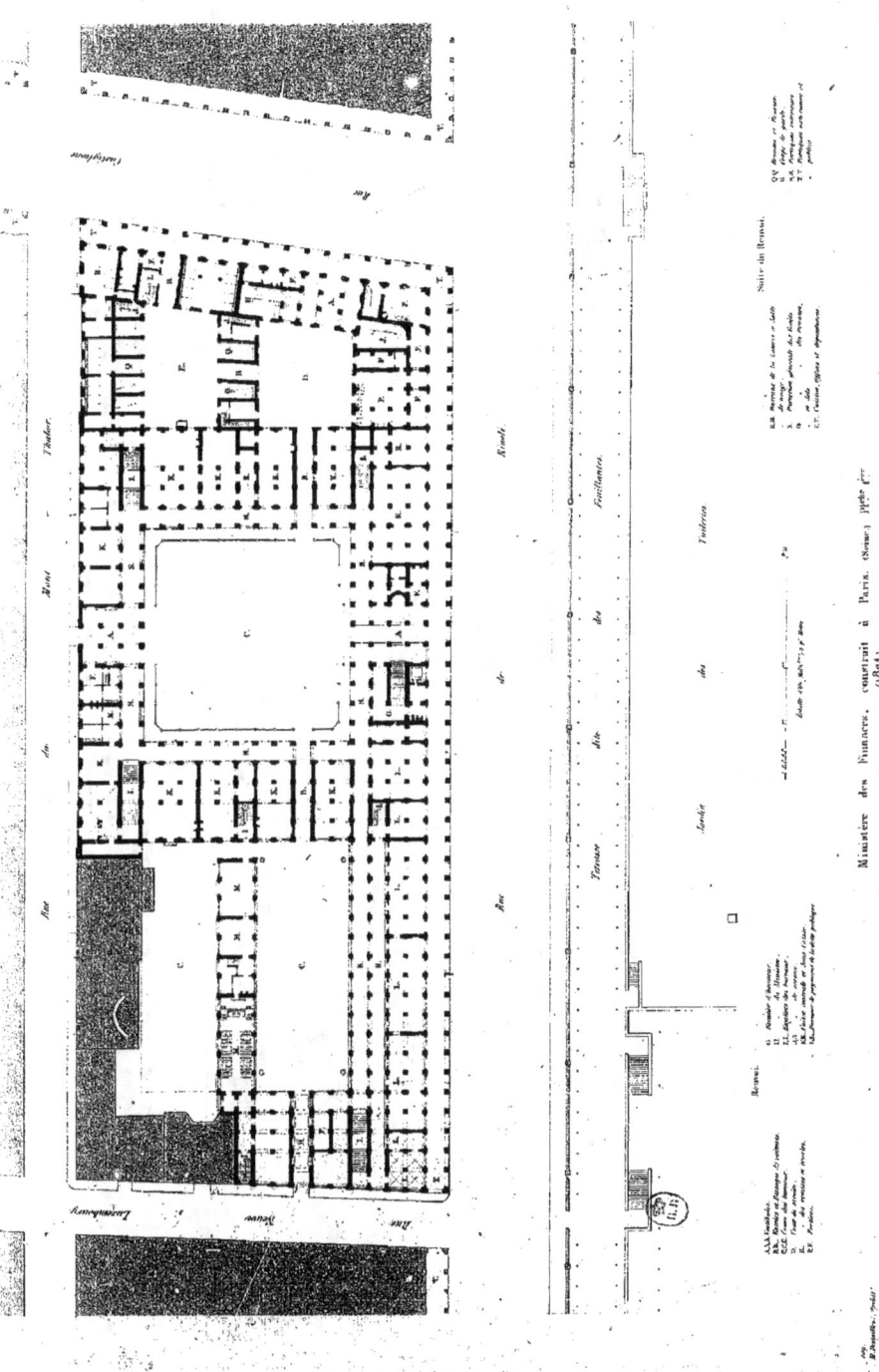

Ministère des Finances, construit à Paris (Seine), pôle que (1845)

Élévation sur la Rue Castiglione.

Élévation sur la Rue du Mont-Thabor.

Ministère des Finances, construit à Paris, ancien Mch.er sur 1824.

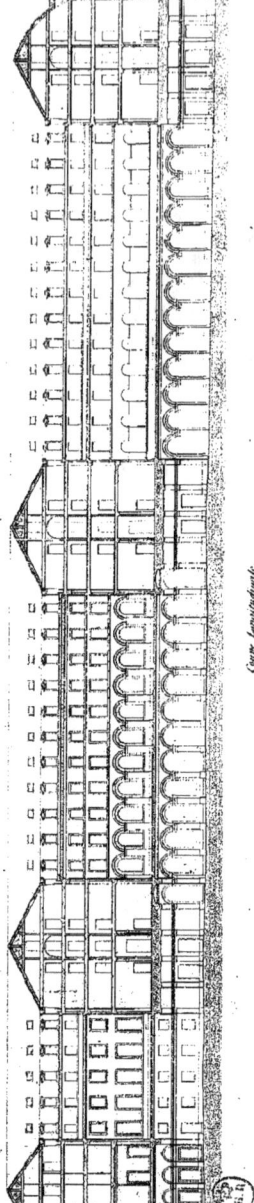

Coupe Transversale.

Coupe Longitudinale.

Ministère des Finances, reconstruit à Paris. (Seine.) Pl. 4me
(1814.)

Édifice d'Habitation

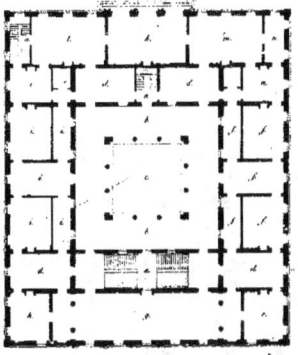

Plan de l'étage supérieur.

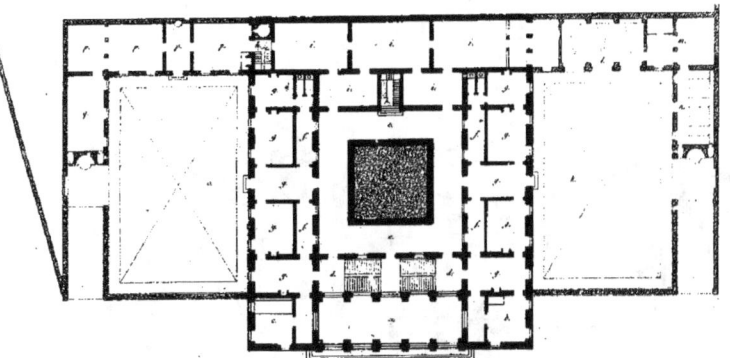

Plan de l'étage inférieur.

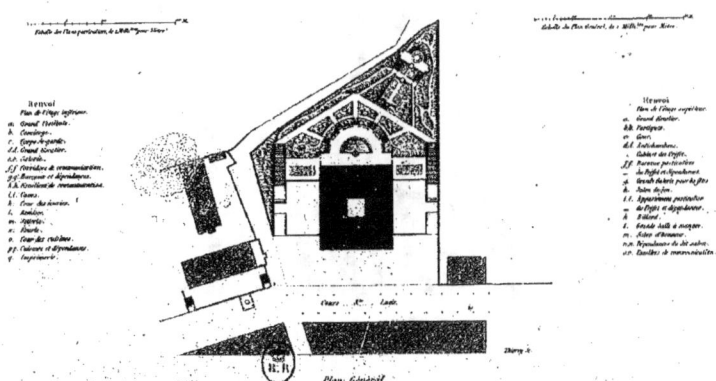

Plan Général.

Hôtel de Préfecture, exécuté à Ajaccio (Corse) Pl.^{che} 1.re

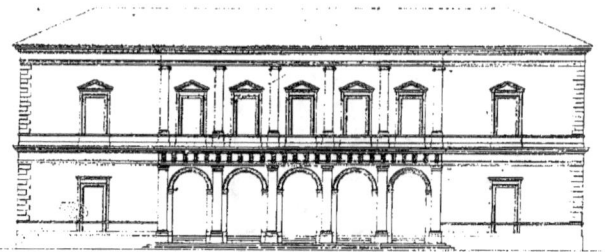

Élévation Principale.
Fig. A.

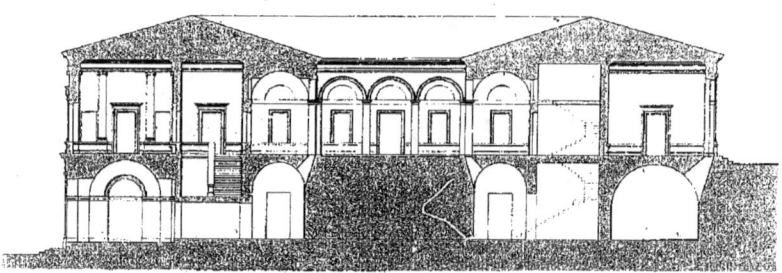

Coupe sur l'axe principal.
Fig. B.

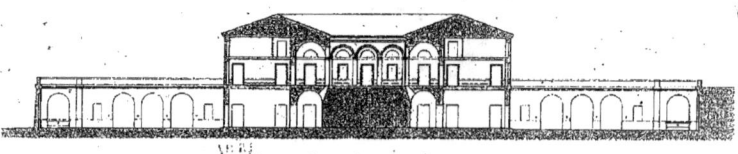

Coupe sur l'axe transversal.
Fig. C.

Hôtel de Préfecture, exécuté à Ajaccio (Corse) Pl. 2.

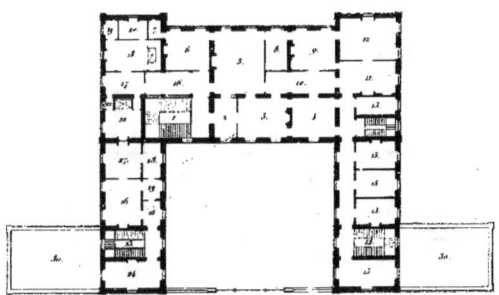

Plan du 1.er Étage.

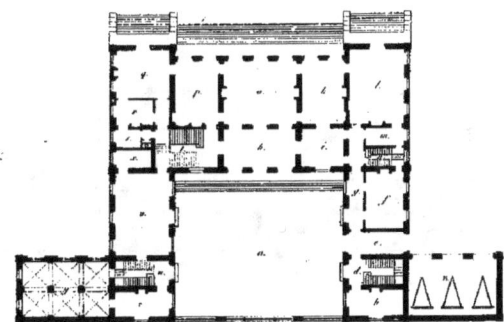

Plan du Rez-de-Chaussée.

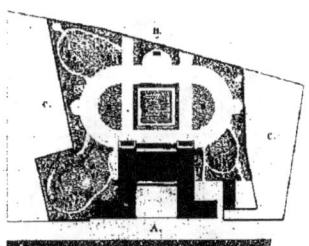

Plan Général.

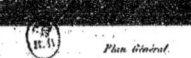

Hôtel de Préfecture racheté à Épinal (1834.)

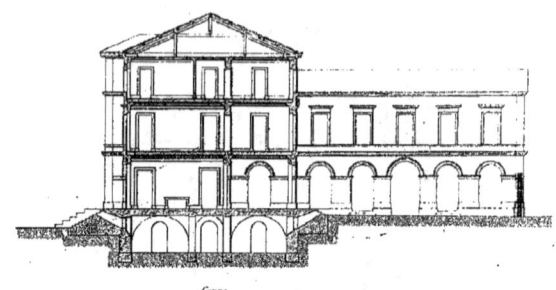
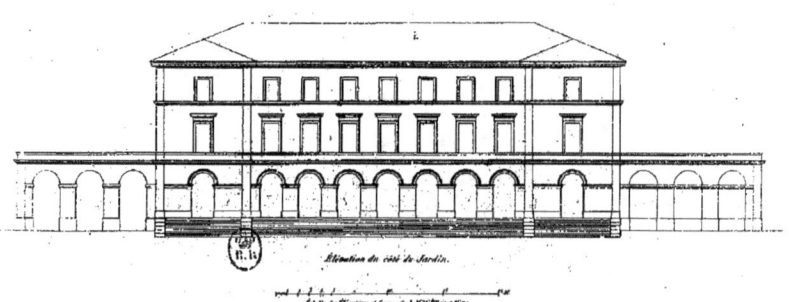

Hôtel de Préfecture exécuté à Épinal (Vosges)

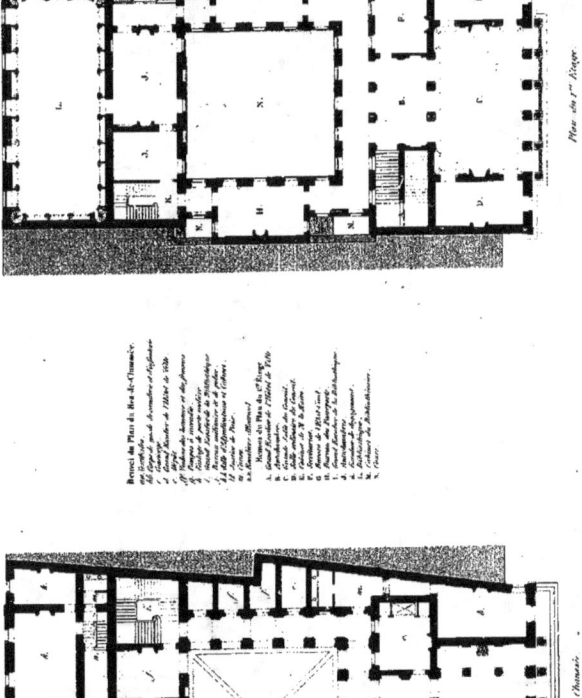

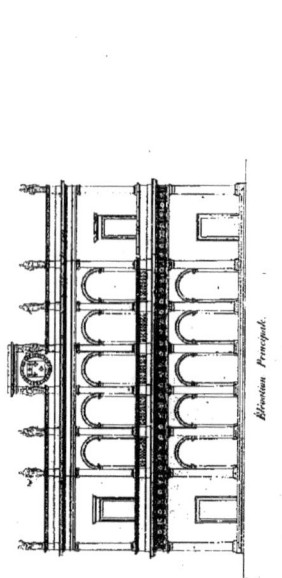
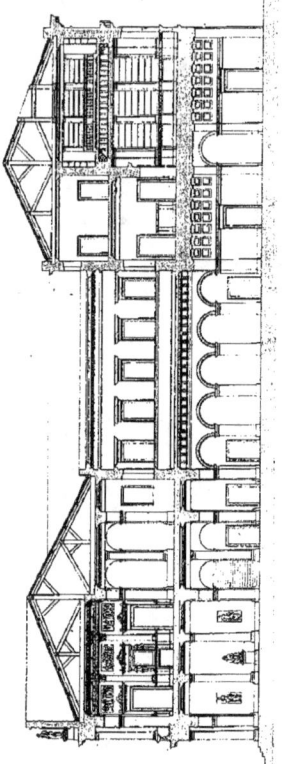

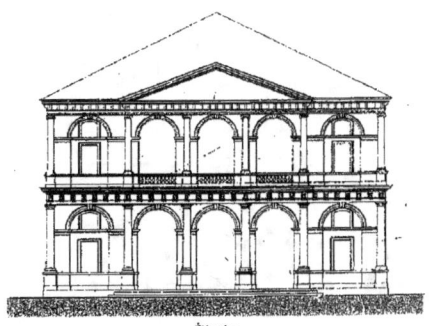

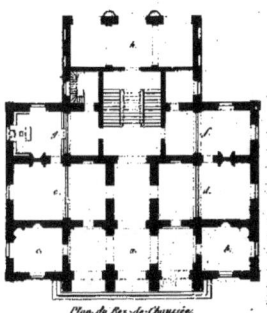
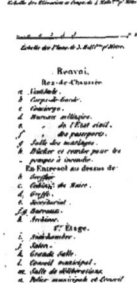
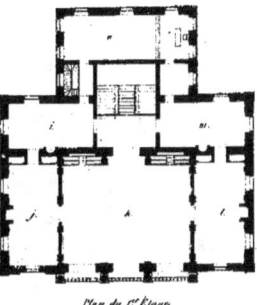

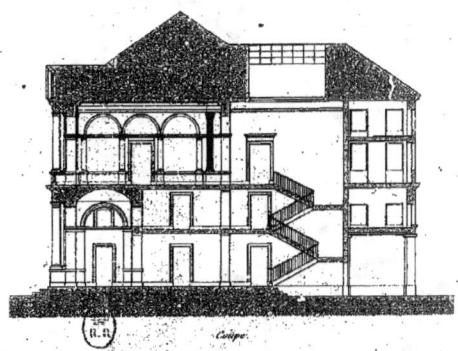

Hôtel-de-Ville exécuté à Sedan (Ardennes)
(1822)

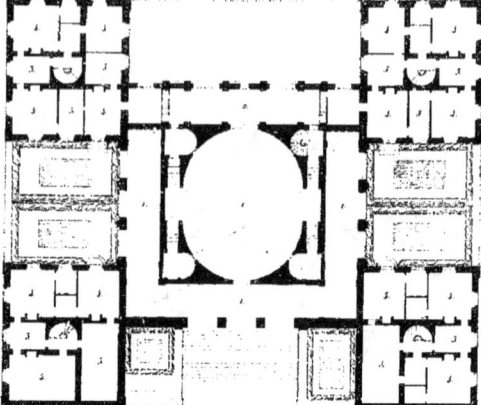
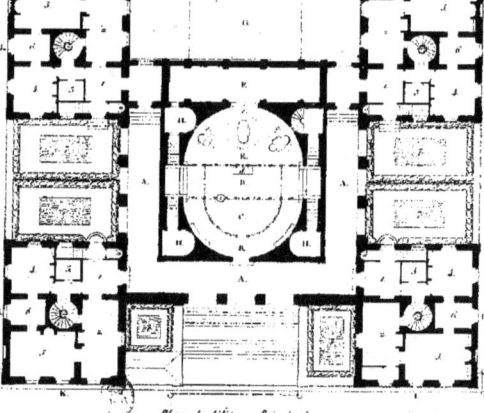
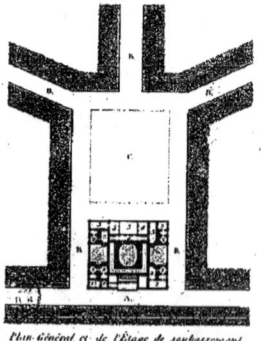

Hôtel des Monnaies, construit à Nantes (Étage Intérieur)

Édifice Administratif.

Élévation Principale.

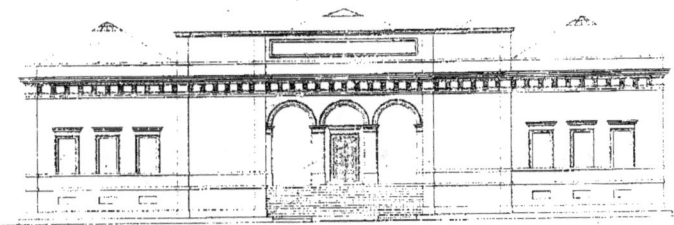

Coupe Transversale.

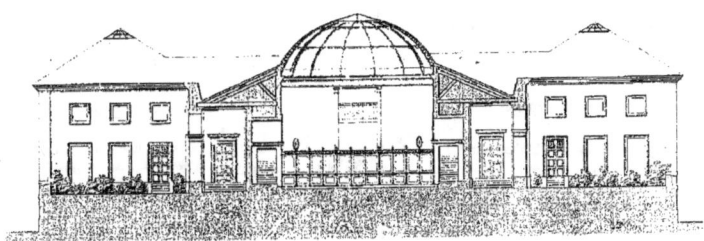

Coupe Longitudinale.

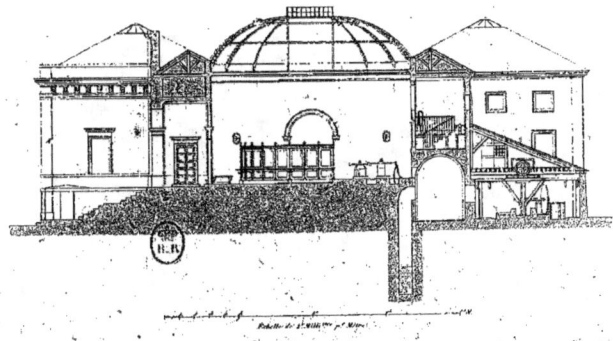

Hôtel des Monnaies, construit à Nantes. (Loire-Inférieure)

TROISIÈME SECTION.

ÉDIFICES JUDICIAIRES.

Nous espérons placer dans l'un des volumes suivans le *Palais-de-Justice* de Paris, agrandi et complété d'après l'important projet dont on s'occupe en ce moment.

PALAIS-DE-JUSTICE (1),

A AIX (BOUCHES-DU-RHÔNE);

Par feu **M. PENCHAUD**, architecte, directeur des travaux publics de la ville de Marseille et du département.

1822 à 1832.

2 planches numérotées 91 et 92.

Quelques années avant la Révolution, l'administration de la province, aidée par le roi, avait conçu le projet de construire, à Aix, un palais-de-justice digne du rang et de l'ancienneté du parlement auquel il était destiné. L'ancien emplacement du palais des comtes de Provence avait été affecté à cette destination, et des prisons devaient également y être élevées.

L'architecte Ledoux avait rédigé à ce sujet des projets et des devis qui attestent la magnificence qu'on devait apporter à leur exécution, et il avait fait commencer, en 1785, les constructions du palais même. Bien qu'à l'époque de la Révolution elles ne s'élevassent qu'à trois pieds environ au-dessus du sol, on assure que la dépense était déjà d'environ 1,500,000 fr. Ces travaux furent alors abandonnés.

Vers 1809, on résolut d'utiliser ces constructions, moyennant les modifications convenables, pour y placer le siège de la cour royale d'Aix; mais le commencement des travaux n'eut lieu qu'en 1822. Ils ont été terminés en 1832, et ont occasionné une nouvelle dépense d'environ.. . . . . 970,000 fr.
Le mobilier a coûté en outre à peu près. . . 60,000

          Ensemble. . . . . 1,030,000 fr.

Qui ont été supportés, à peu près, moitié par l'État et moitié par le département.

(1) On sait que cette dénomination doit être réservée aux sièges de *Cours royales*.

COUR D'ASSISES ET TRIBUNAL CIVIL,

A VALENCE (DRÔME);

Par **M. CHABORD**, architecte du département.

1824.

Une planche numérotée 127.

C'est à tort et par erreur que, sur la planche, cet édifice a été désigné sous le titre de *Palais-de-Justice*.
L'exécution a coûté environ 180,000 fr.

TRIBUNAL DE PREMIÈRE INSTANCE,

A SAINT-LÔ (MANCHE);

Par **M. HENRY VAN CLEEMPUTTE**, maintenant architecte du département de l'Aisne.

1825.

1 planche numérotée 37.

La dépense occasionnée par la construction de cet édifice a été d'environ 120,000 fr.

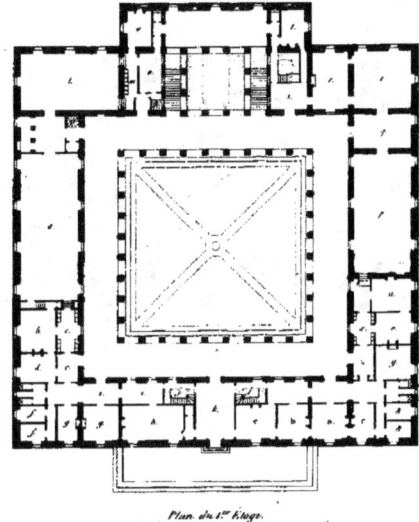

Plan du 1.er Étage.

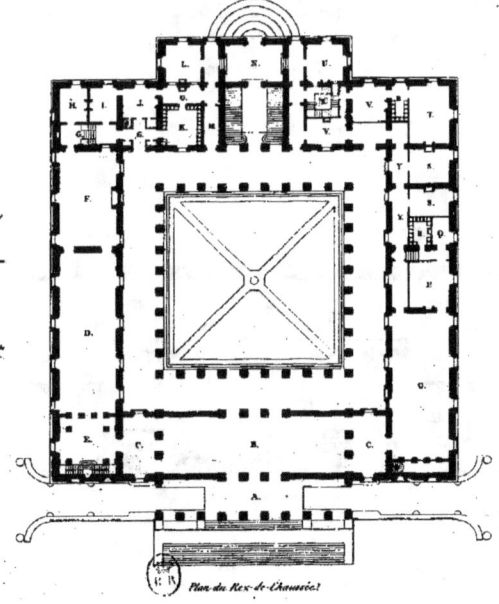

Plan du Rez-de-Chaussée.

Palais de Justice exécuté à Aix (Bouches-du-Rhône.) Pl.che 1.ère
(1822.)

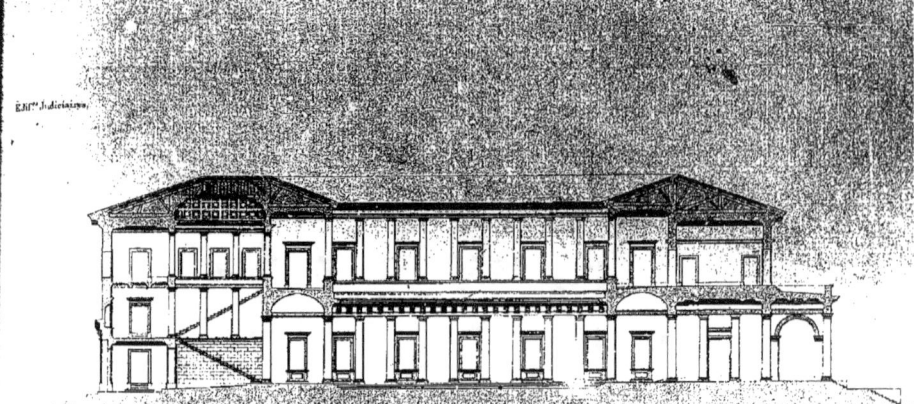

Coupe Longitudinale.

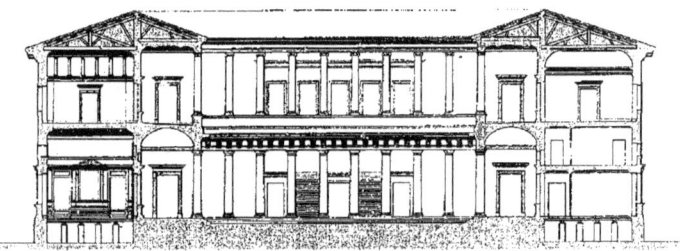

Coupe Transversale.

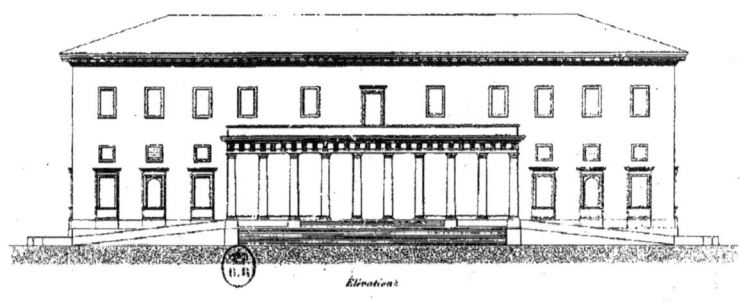

Élévation.

Palais de Justice exécuté à Aix (Bouches-du-Rhône.)
(1822.)

Édifices Judiciaires.

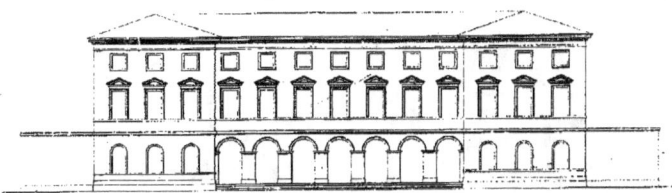

Élévation.

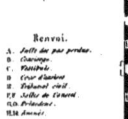

Renvoi.
A. Salle des pas perdus.
B. Concierge.
C. Vestibule.
D. Cour d'assises.
E. Tribunal civil.
F.F. Salles de Conseil.
G.G. Prétoires.
H.H. Annexes.

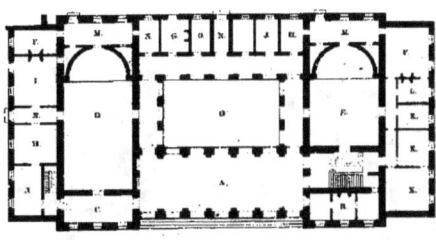

Plan.

Suite du Renvoi.
I. Jurés
J.J. Huissiers
K.K.K. Greffes
L. Greffier
M.M. Parloirs
N.N. Passages
O. Cour

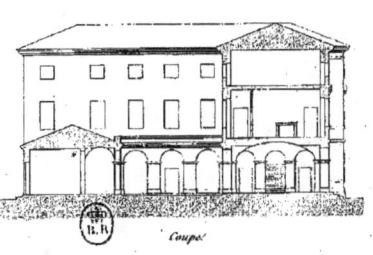

Coupe.

Palais de Justice, construit à Valence. (Drôme.)
(1823)

QUATRIÈME SECTION.

ÉDIFICES
CONSACRÉS A L'INSTRUCTION PUBLIQUE.

Nous regrettons de n'avoir pu encore faire connaître les importans travaux exécutés ou en cours d'exécution à Paris, pour l'agrandissement et le complément des principaux édifices d'*Instruction publique*, tels que : le *Collége royal de France*, l'*École royale des Beaux-Arts*, le *Muséum d'Histoire Naturelle*, etc. ; mais l'importance même de ces constructions nous fait une loi de ne les publier qu'après leur entier achèvement.

COLLÉGE COMMUNAL,
A ROCHEFORT (CHARENTE-INFÉRIEURE);
Par M. **GARDES**, architecte de la ville de Rochefort.
1828 à 1830.
2 planches numérotées 159 et 160.

Ce collége est disposé pour recevoir 120 élèves, dont un quart environ comme pensionnaires.
Les dépenses de construction se sont élevées à peu près à 150,000 fr.

ÉCOLE ÉLÉMENTAIRE D'ENSEIGNEMENT MUTUEL,
A PARIS (SEINE), rue Sainte-Élisabeth;
Par M. **MAINGOT**, architecte.
1832.
1 planche numérotée 184.

Cette école est disposée de façon a recevoir, dans des locaux entièrement séparés, 350 garçons et 350 jeunes filles des classes pauvres, auxquels la ville fait donner gratuitement une instruction élémentaire.
Elle a coûté environ 102,000 fr., dont 5,000 fr. à peu près pour le mobilier.

ÉCOLE DES FRÈRES DE LA DOCTRINE CHRÉTIENNE,
A AMIENS (SOMME);
Par M. **CHEUSSEY**, architecte du département.
1824.
Une planche numérotée 36.

Les trois classes de cette école peuvent contenir ensemble environ cent cinquante élèves. Elle comprend, en outre, des logemens pour quatorze frères, dont plusieurs desservent cinq écoles de paroisse.
Elle est construite partie en pierre et partie en briques.
La dépense que sa construction a exigée a été de 65,000 fr.

BIBLIOTHÈQUE PUBLIQUE,
A AMIENS (SOMME);
Par M. **CHEUSSEY**, architecte du département
1824.
2 planches numérotées 34 et 35.

Cette bibliothèque est contiguë à l'école qui précède; elle peut contenir quarante à cinquante mille volumes, et a occasioné une dépense de 150,000 fr. environ.

JARDIN DE BOTANIQUE,
A MARSEILLE (BOUCHES-DU-RHÔNE);
Par feu M. **PENCHAUD**, architecte, directeur des travaux publics du département.
1805 à 1810.
2 planches numérotées 58 et 59.

La dépense qu'a occasionnée cet édifice s'est élevée à environ 500,000 fr., y compris les plantations et les remblais considérables qu'il a fallu faire pour niveler le sol.

MUSÉE,
A TOURS (INDRE-ET-LOIRE);
Par M. **GUÉRIN**, architecte du département.
1825.
Une planche numérotée 205.

Nous donnons, par un petit plan général, une indication du bel ensemble formé par le pont de Tours, la place Royale et la grande rue qui se prolonge jusqu'à l'extrémité de la ville.
Les deux côtés de cette rue et le fond de la place sont bordés de façades régulières, dont le projet avait été conçu, vers le milieu du dix-huitième siècle, par M. de l'Escapalier, intendant de la province, et composé par M. Bagneux, ingénieur en chef de cette généralité.
Ce même ingénieur avait fait construire, de 1780 à 1787, l'hôtel-de-ville, qui occupe la partie droite de la place, ainsi que les façades correspondantes de la partie gauche qui ont été utilisées en 1825, comme on en avait depuis long-temps le projet, pour la construction du musée.

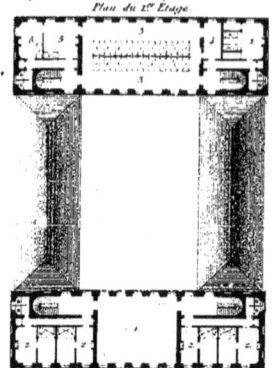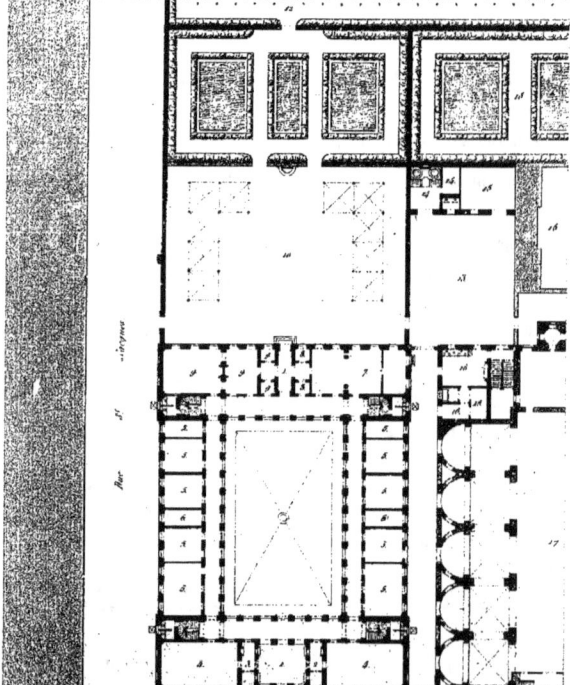

Collège construit à Rochefort. (Charente-Inférieure.) Pl.che 1.re
(1825)

Édifices d'Instruction Publique.

Élévation Principale.

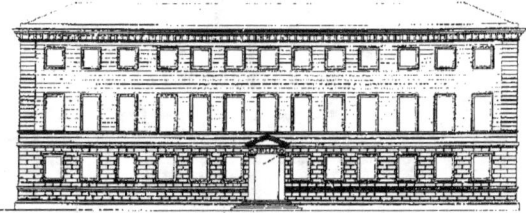

Coupe Transversale.

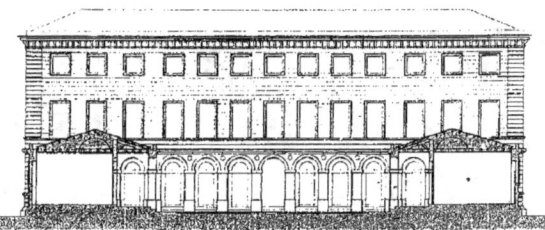

Élévation Latérale.

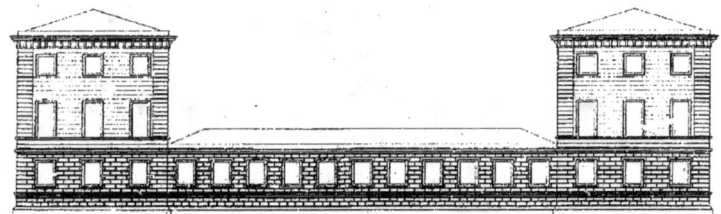

Coupe Longitudinale.

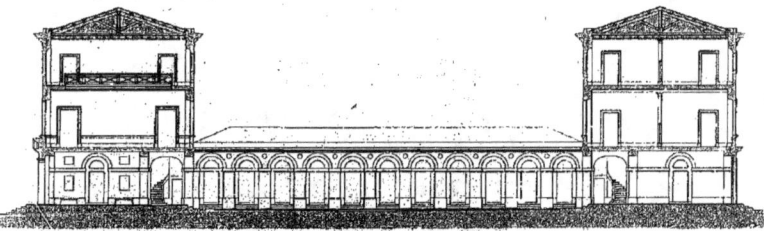

Collège construit à Rochefort. (Charente-Inférieure.)

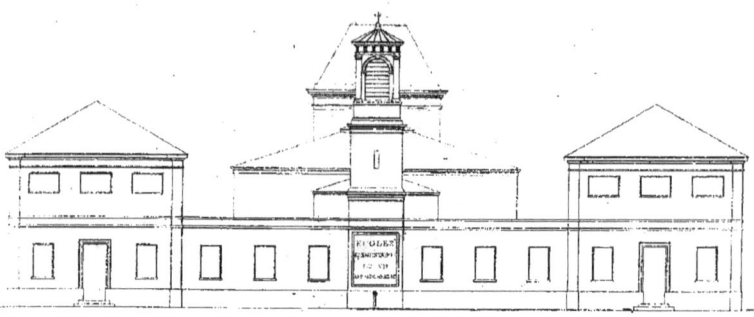

Élévation.

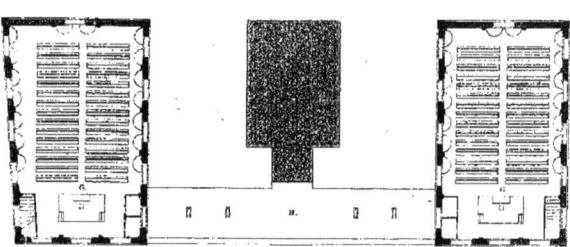

Plan du 1.er Étage.

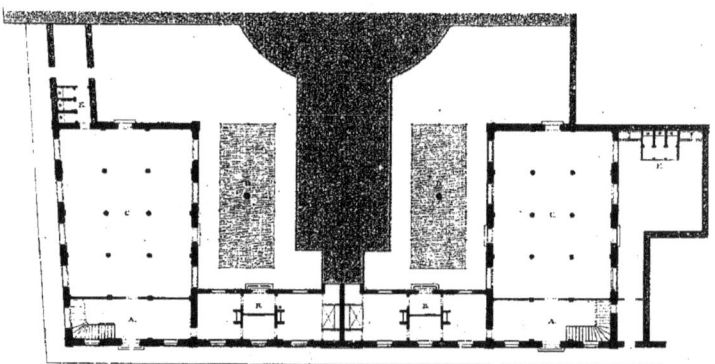

Plan du Rez-de-Chaussée.

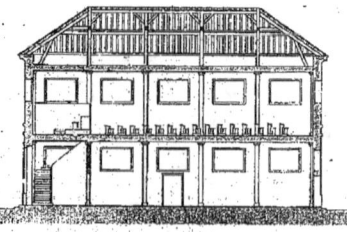

Coupe Longitudinale d'un des Bâtiments.

Renvoi du Rez-de-Chaussée.
A, A. Vestibules d'entrée.
B, B. Logements des Maîtres et Maîtresses.
C, C. Préaux couverts.
D, D. Préaux découverts.
E, E. Latrines.
F. Église S.te Élisabeth.

Renvoi du 1.er Étage.
G, G. Écoles.
H. Terrasse.

Écoles élémentaires, construites à Paris, rue S.te Élisabeth (Seine).
1835.

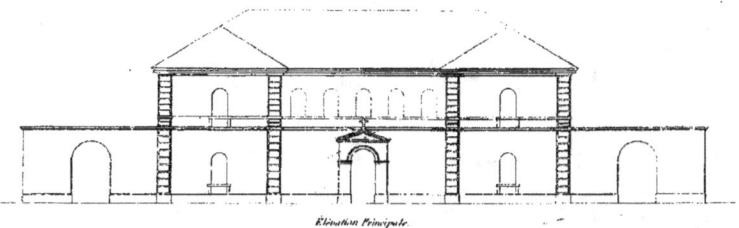

Élévation Principale.

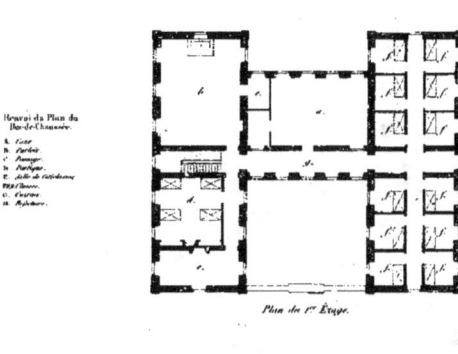

Plan du 1er Étage.

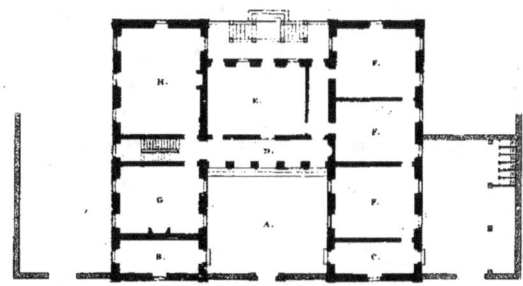

Plan du Rez-de-Chaussée.

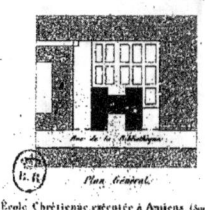

Plan Général.

École Chrétienne exécutée à Amiens. (Somme.)
(1824)

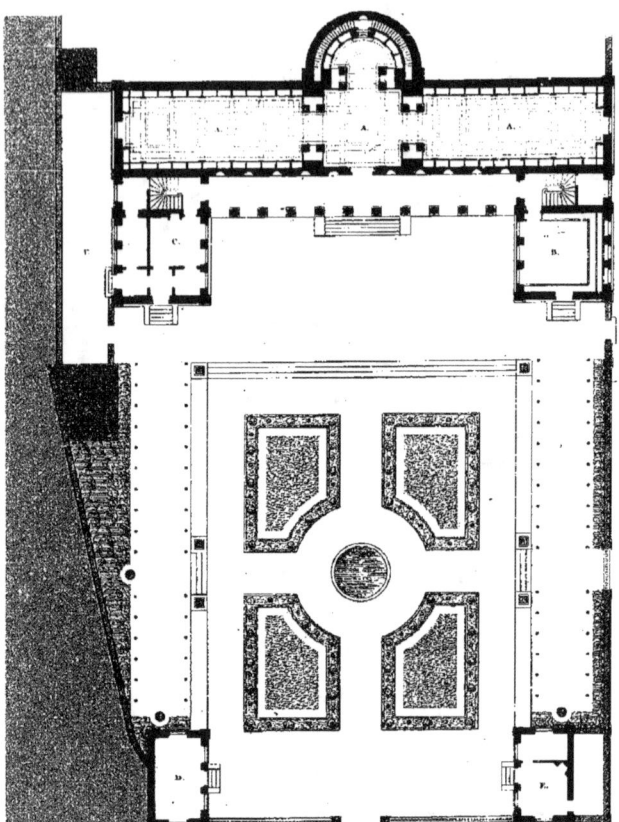

Plan Particulier.

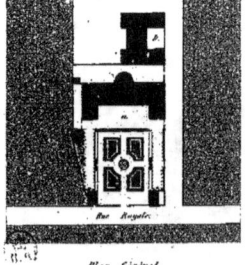

Plan Général.

Bibliothèque Publique exécutée à Amiens. (Somme.)

Éts. consacrés à l'Instr.on Publique.

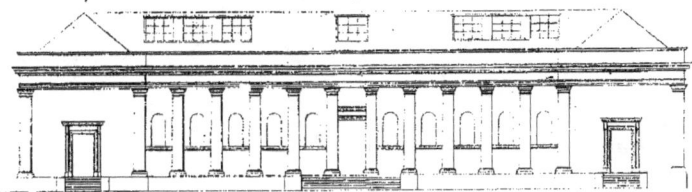

Élévation Principale.

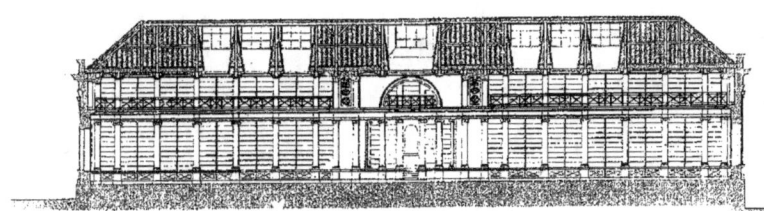

Coupe Longitudinale.

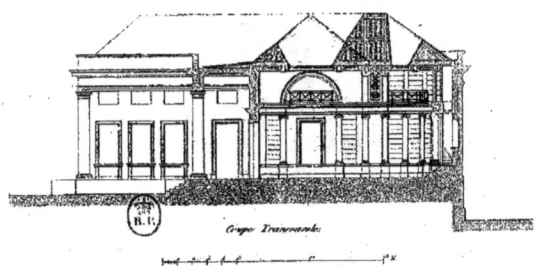

Coupe Transversale.

Bibliothèque Publique exécutée à Amiens. (Somme) 1.er par Nbre
(1823)

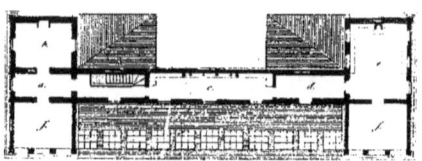

Plan du 1.er Étage.

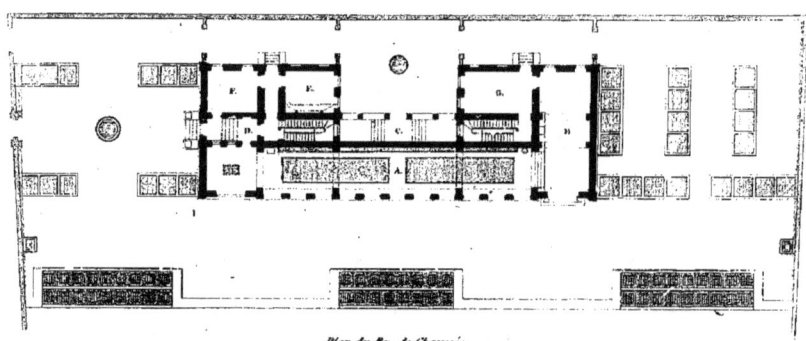

Plan du Rez-de-Chaussée.

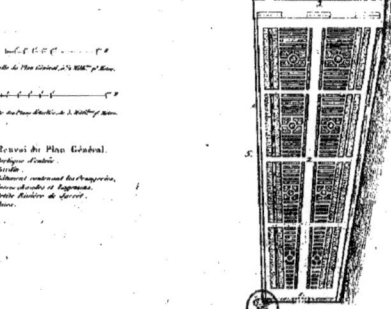

Plan Général.

Jardin de Botanique établi à Marseille. (Bouches-du-Rhône.) Pl.che 1.re
(1808.)

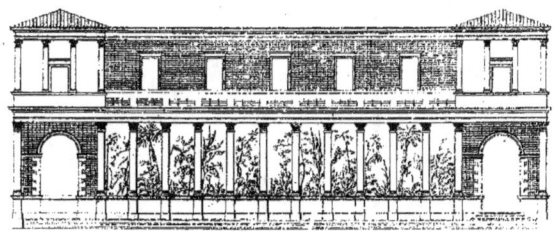

Élévation Principale.

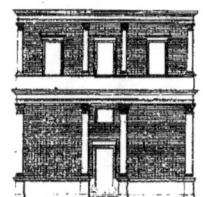

Élévation Latérale.   *Coupe Transversale.*

Détails des Fourneaux.

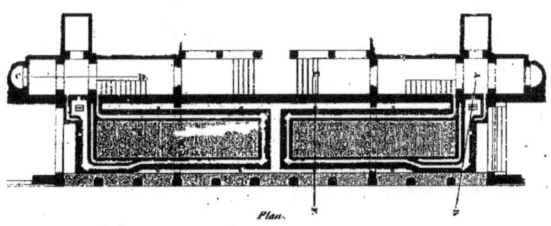

Plan.

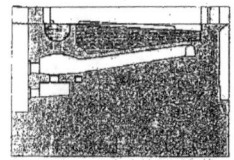 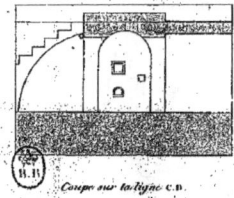 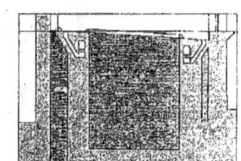

Coupe sur la ligne A.B.   *Coupe sur la ligne C.D.*   *Coupe sur la ligne E.F.*

Jardin de Botanique établi à Marseille (Bouches-du-Rhône) Plche
(1808)

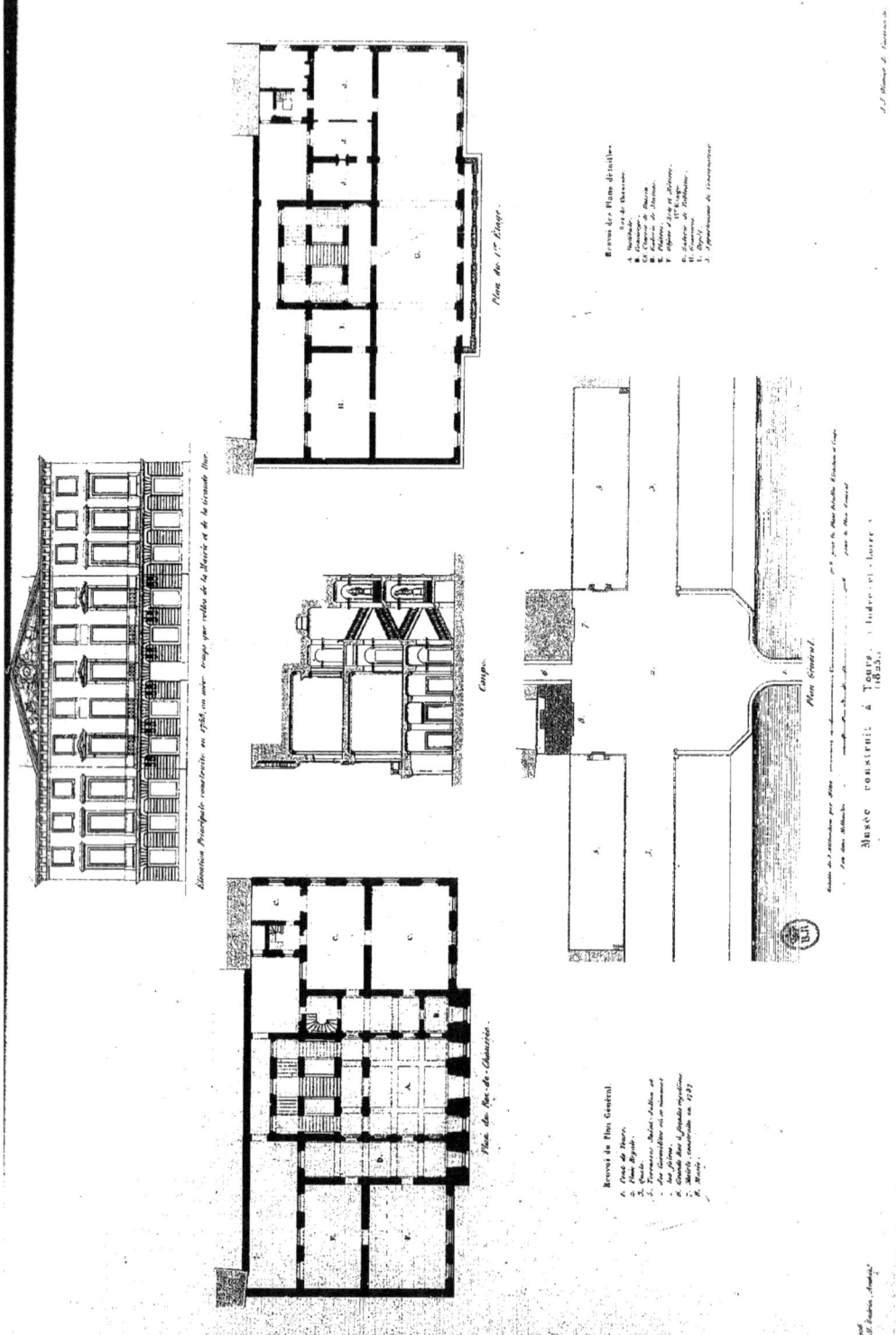

CINQUIÈME SECTION.

ÉDIFICES SANITAIRES.

LAZARET,

SUR L'ÎLE DE RATONNEAU, DANS LA RADE DE MARSEILLE (BOUCHES-DU-RHÔNE);

Par feu M. PENCHAUD, architecte, directeur des travaux publics du département.

1824 à 1826.

2 planches numérotées 76 et 77.

Il existe depuis long-temps, près de Marseille même, un lazaret très-important ; mais, la fièvre jaune ayant été importée en 1821 d'Amérique en Espagne, le Gouvernement s'occupa de la recherche des moyens propres à en prévenir l'introduction en France : une commission sanitaire centrale fut formée à cet effet à Paris, et son rapport, publié en 1821 (Paris, Imprimerie royale), contient l'indication des dispositions qu'il lui parut utile d'adopter pour la construction de plusieurs lazarets spéciaux; il est appuyé de projets ou esquisses, rédigés par MM. Alavoine et Godde, architectes que la commission s'était adjoints.

C'est d'après les mêmes vues qu'a été conçu et exécuté le lazaret de Ratonneau que nous plaçons ici, ainsi que celui qui a été construit à Trompeloup près de Bordeaux, par M. Poitevin, et qui trouvera sa place au volume suivant.

Celui de Ratonneau a coûté environ 700,000 fr., dont le tiers à peu près a été fourni par la ville et la chambre de commerce de Marseille, et le surplus par l'État.

Nous devons prévenir qu'il paraît que, dans ces derniers temps, l'Administration a été conduite à adopter, pour la disposition des lazarets en général, et surtout relativement au degré d'utilité des bâtimens d'habitation, d'autres vues que celles qu'avait conçues la commission instituée en 1821. D'après ces nouvelles idées, ce qu'il importe principalement d'y établir, ce sont de vastes hangars pour le dépôt des marchandises; quant aux bâtimens, ils doivent être réduits à ce qui peut être indispensable aux malades, et au petit nombre de passagers qui tiendraient à ne pas purger leur quarantaine à bord.

Ces vues tendent nécessairement à un résultat fort important, c'est-à-dire à une réduction considérable des frais de construction. Il paraît même qu'elles ont conduit à faire reconnaître la suffisance de l'ancien lazaret de Marseille, et que celui de Ratonneau forme maintenant un hôpital destiné aux équipages atteints de maladies contagieuses.

Le dixième recueil des *études de construction* de M. Bruyère (Paris, 1825) contient les plans des lazarets de Marseille et de plusieurs villes d'Italie, ainsi que divers projets, et des considérations fort intéressantes, mais auxquelles s'appliqueraient aussi nécessairement les nouvelles vues dont nous venons de parler.

GRAND HOPITAL,

A BORDEAUX (GIRONDE);

Par M. BURGUET, architecte.

1821 à 1829.

4 planches numérotées 105, 106, 107 et 108.

En vertu d'une loi du 2 février 1819, un majorat de 50,000 fr. de revenu fut institué, à titre de récompense nationale, en faveur du duc de Richelieu, président du Conseil des Ministres; et, par une ordonnance royale du 14 août suivant, la ville de Bordeaux fut autorisée à accepter l'offre faite par lui d'appliquer le produit de ce majorat à la construction d'un hôpital et à d'autres objets d'utilité publique dans cette ville. Un vaste emplacement, situé en face du fort du Hâ (qu'on démolit en ce moment pour la construction d'un Palais-de-justice et de nouvelles prisons), fut consacré à l'établissement de l'hôpital; et un concours ayant été ouvert, sept architectes présentèrent des projets : deux d'entre eux, MM. Burguet et Marchebeus, furent admis à un nouveau concours, à la suite duquel le premier fut définitivement chargé de l'exécution ; un second prix fut décerné à M. Marchebeus.

La dépense s'est élevée à près de 1,500,000 fr.

HOSPICE SAINT-MICHEL,

A SAINT-MANDÉ (SEINE);

Par M. DESTAILLEUR, architecte.

1827 à 1830.

2 planches numérotées 113 et 114.

M. Michel-Jacques Boulard, ancien tapissier des palais de la couronne, laissa en mourant une fortune considérable et un testament par lequel (en outre de divers legs en faveur de l'Hôtel-Dieu et des bureaux de charité de Paris, ainsi que d'une fondation destinée à doter, chaque année, quatre élèves des hospices) il dispose de 1,050,000 fr. et de plusieurs effets mobiliers, pour la fondation et l'entretien à perpétuité d'un hospice destiné à *douze pauvres honteux septuagénaires*, dont un désigné par chacun des comités de bienfaisance des douze arrondissemens de Paris. Dans ce testament et ses divers codicilles, il annonce avoir fait préparer les plans de l'hospice par M. Perrier (décédé depuis), et il désigne M. Destailleur comme devant être chargé de l'exécution; en outre il entre dans divers détails sur la manière dont l'hospice devra être entretenu, administré, etc.

Il a été dépensé environ :
Pour l'acquisition de l'emplacement. . . . . . 40,000 fr.
Et pour l'exécution des constructions. 495,000

Ensemble. . . . . 535,000 fr.

HOSPICE,

A FRÉJUS (VAR);

Par M. LANTOIN, architecte du département.

1828.

1 planche numérotée 69.

Ce petit hospice, disposé pour douze ou quinze malades de chaque sexe, a coûté à peu près 56,000 fr.

ASILE DÉPARTEMENTAL D'ALIÉNÉS,

DANS L'ANCIENNE ABBAYE DE SAINT-YON, A ROUEN (SEINE-INFÉRIEURE);

Commencé par M. JOUANNIN, architecte du département, et continué par son successeur,

M. GRÉGOIRE.

1821 à 1827.

2 planches numérotées 128 et 129.

Il y a peu d'années encore, les aliénés étaient, presque partout en France, renfermés dans des loges ou cabanons plus ou moins resserrés, et quelquefois presque entièrement privés de jour et d'air; mais, enfin, l'on est arrivé à reconnaître que l'amélioration du sort de ces malheureux dépend de soins bien entendus, et principalement de logemens sains, et, autant que possible, en vue de la campagne, ou au moins de quelques plantations.

Pendant le ministère de M. le duc Decazes, une commission fut formée à ce sujet sous la présidence de M. le baron Hély d'Oissel, conseiller d'État et directeur des travaux de Paris; elle était composée, en outre, de M. le docteur Esquirol, et de MM. Godde et Alavoine, architectes. Un programme et des projets modèles furent rédigés pour la création de vastes asiles départementaux; et quoique, malheureusement, le travail de la commission n'ait pas été entièrement terminé, ses principales données ont servi de guide pour la disposition des nombreux édifices de ce genre qui ont été établis sur une échelle plus ou moins grande.

C'est particulièrement d'après les indications de M. Esquirol qu'a été disposé, l'un des premiers, celui dont il s'agit ici.

Les anciens bâtimens de l'abbaye de Saint-Yon ont été utilisés pour divers services, ainsi que pour des dortoirs et chambres destinés aux pensionnaires, aux convalescens ou aux aliénés assez tranquilles pour pouvoir vivre en commun ; ce qui est même souvent un moyen de guérison. L'on a construit en outre, dans les jardins, un bâtiment de bains; un pavillon pour les pensionnaires convalescens, et enfin cinq quartiers pour les aliénés indigens, de façon à les classer, d'abord par sexe (le nombre des femmes aliénées est ordinairement plus considérable que celui des hommes), et ensuite par genre d'affections ou suivant leur plus ou moins grande intensité, en ayant soin, en même temps, de ne rapprocher qu'un assez petit nombre d'individus (douze dans chaque quartier).

Ces diverses constructions ont été établies en briques, sur socles en pierre, et couvertes en ardoise.

Nous donnons principalement les détails du bâtiment des bains ainsi que d'un des quartiers, suivant la disposition adoptée en dernier lieu, qui comprend une salle de réunion, etc.

Ce quartier, ainsi disposé, a coûté environ 75,000 fr.; chacun de ceux construits en premier lieu n'avait coûté que 72,000 fr. à peu près.

Le bâtiment des bains a coûté aussi à peu près 72,000 fr., dont environ 6,000 fr. pour le réservoir (en charpente et plomb); 8,000 fr. pour fourniture et établissement de baignoires, et 27,000 fr. pour fourniture et installation de la machine à vapeur et de ses accessoires.

En totalité, on a dépensé jusqu'ici dans cet établissement près de 900,000 fr. Il peut recevoir près de six cents aliénés, tant hommes que femmes.

Les pensionnaires y sont reçus moyennant une somme annuelle qui varie de 450 à 1,500 fr.

Les aliénés des communes ou hospices du département y sont admis moyennant 350 fr. par an, et ceux des départemens voisins moyennant 450 fr.

ASILE DÉPARTEMENTAL D'ALIÉNÉS,

AU MANS (SARTHE);

Par M. DELARUE, architecte du département.

1828 à 1836.

2 planches numérotées 151 et 152.

Cet établissement a été construit entièrement à neuf, dans un site agréable et sain, près de l'endroit où l'Huine se jette dans la Sarthe.

Il contient pour chaque sexe trois quartiers différens, savoir : un quartier pour huit aliénés non tranquilles, placés dans autant de cellules établies entre un corridor de service et un portique; un autre pour vingt ou trente aliénés plus tranquilles, répartis dans quatre chambres communes; un troisième de même disposition pour autant de convalescens; et enfin le quatrième pour seize pensionnaires, jouissant chacun d'une chambre et d'un cabinet pour un gardien particulier ou un domestique. Ces divers quartiers ont tous leurs préaux distincts, et sont réunis, tant entre eux qu'avec les dépendances, par des galeries de communication.

Les piliers des diverses galeries sont en pierre dure, et les arcades en briques.

Les murs sont construits partie en pierre et partie en moellons.

Une partie des rez-de-chaussée est voûtée en brique.

Toutes les couvertures sont en ardoises.

Le service des eaux est fait, dans toute l'étendue de l'établissement, au moyen de conduites en fonte alimentées par une machine à vapeur de la force de deux chevaux.

L'ensemble de cet établissement occasionnera une dépense totale d'environ 500,000 fr.

ÉTABLISSEMENT THERMAL,

AU MONT-D'OR (PUY-DE-DÔME);

Par M. LEDRU, architecte du département.

1822.

4 planches numérotées 55, 56, 57 et 211.

La richesse de plusieurs parties de notre sol en eaux minérales ou thermales était connue depuis long-temps, ainsi qu'on peut en juger par l'importance des thermes romains dont on a retrouvé des vestiges plus ou moins considérables; découvertes qui, souvent même, ont été faites en exécutant les fouilles nécessaires aux établissemens modernes, comme cela a eu lieu pour celui dont nous nous occupons en ce moment, ainsi qu'à Néris (Allier), etc.

Jusqu'à ces derniers temps, la plupart des sources, et principalement celles qui appartiennent aux communes ou aux autres administrations locales, avaient été ou négligées, ou exploitées dans des établissemens d'une disposition peu convenable; mais, depuis un certain nombre d'années, ces administrations ont reconnu que l'intérêt bien entendu des localités leur faisait un devoir d'imprimer à ces établissemens le caractère d'édifices publics.

C'est ce qui a été fait principalement pour l'établissement du Mont-d'Or, que nous donnons ici, et pour ceux de Vichy, de Néris (Allier), etc., que nous placerons dans les volumes suivans.

Un petit plan topographique indique la disposition générale du canton où est situé l'établissement thermal.

Nous donnons en outre les différens plans, coupes et élévations de cette importante construction, qui a été entièrement exécutée en laves du pays (même la couverture).

On voit, par les légendes jointes aux plans, que la plupart des sources sont encore reçues dans des piscines antiques provenant de l'établissement romain. M. Ledru ayant bien voulu nous communiquer le résultat des recherches auxquelles il s'est livré à ce sujet, nous en avons composé une planche supplémentaire qui fait voir, comparée à la disposition actuelle, celle de la partie des édifices antiques qui a pu être découverte, ainsi que quelques fragmens qui peuvent faire juger du style et du degré de richesse que devaient avoir ces édifices.

ÉTABLISSEMENT THERMAL,

A BAGNÈRES-DE-BIGORRE (HAUTES-PYRÉNÉES);

Par M. ―, architecte.

1825.

1 planche numérotée 133.

A la suite de l'établissement monumental qui précède, nous avons pensé qu'il ne serait pas sans utilité de donner celui-ci, dont la disposition beaucoup plus simple peut trouver aussi son application.

Edif.^{ces} Sanitaires.

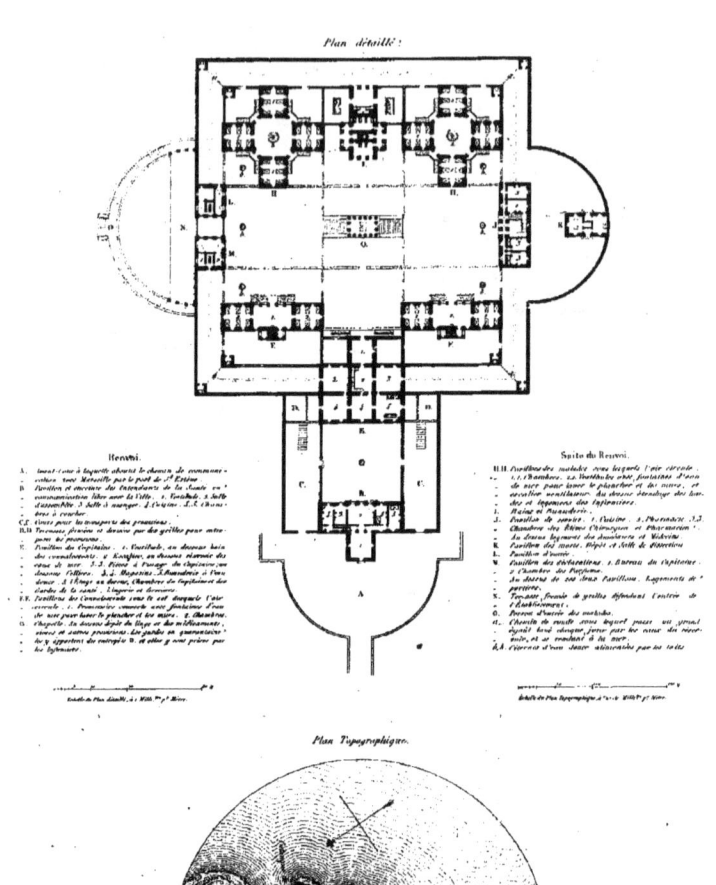

Lazaret construit sur l'Ile de Ratoneau dans la rade de Marseille. (Bouches-du-Rhône.) Pl.^{che} 1ere
(1828.)

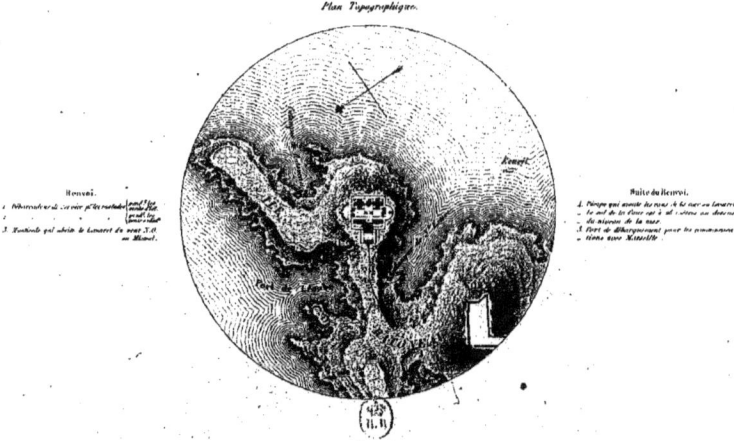

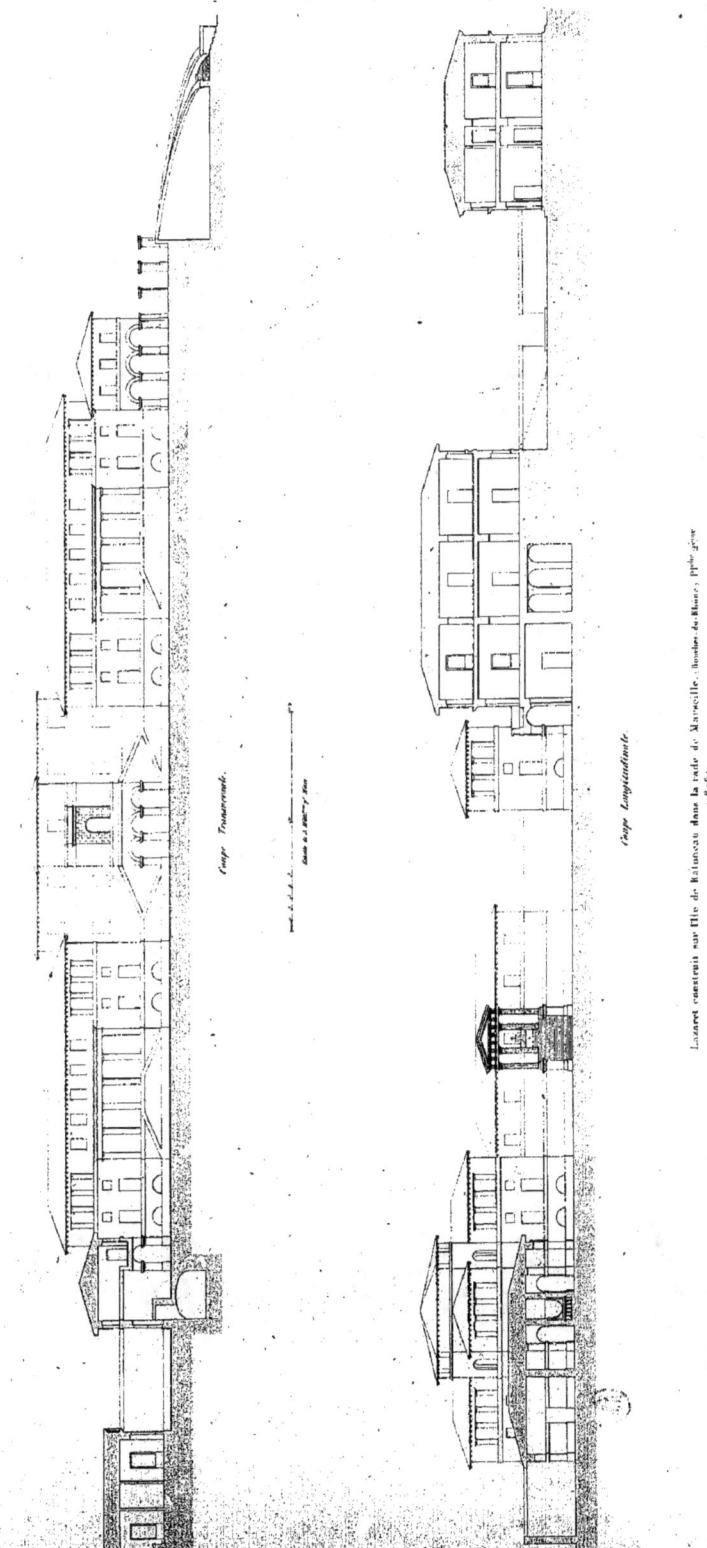

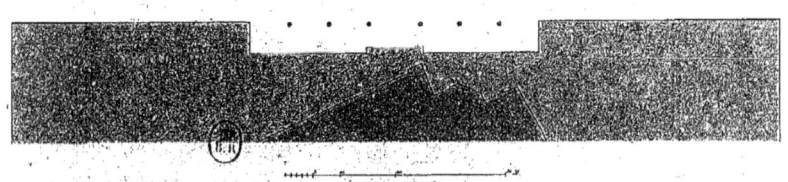

Hôpital construit à Bordeaux (Gironde). Planche 1re (1829).

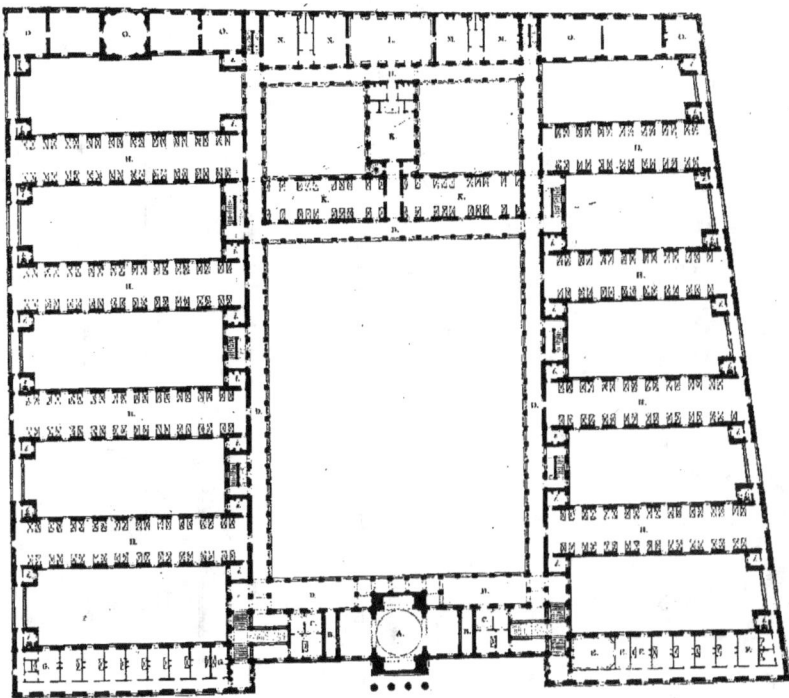

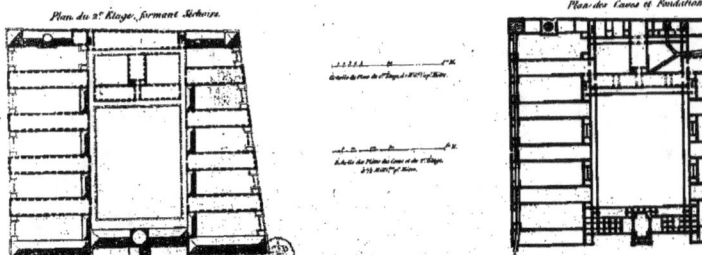

Hôpital construit à Bordeaux (Gironde) 1829.

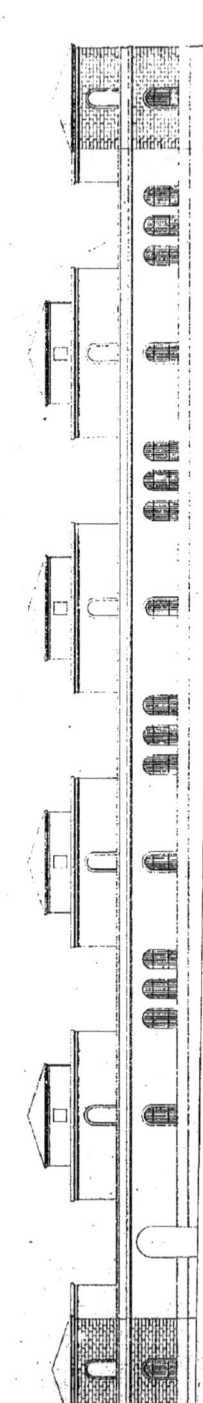
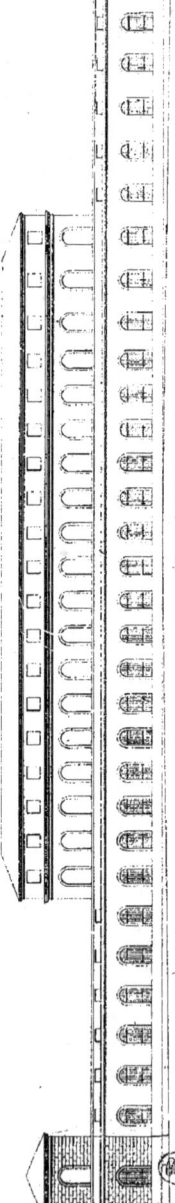

Hôpital construit à Bordeaux (Gironde). P[?] 2[?]me 1825.

Coupe Transversale au droit de la Chapelle.

Coupe Longitudinale.

Coupe Transversale au droit des quatre tours de service.

Hôpital construit à Bordeaux (Gironde) Pl. 4me (1829)

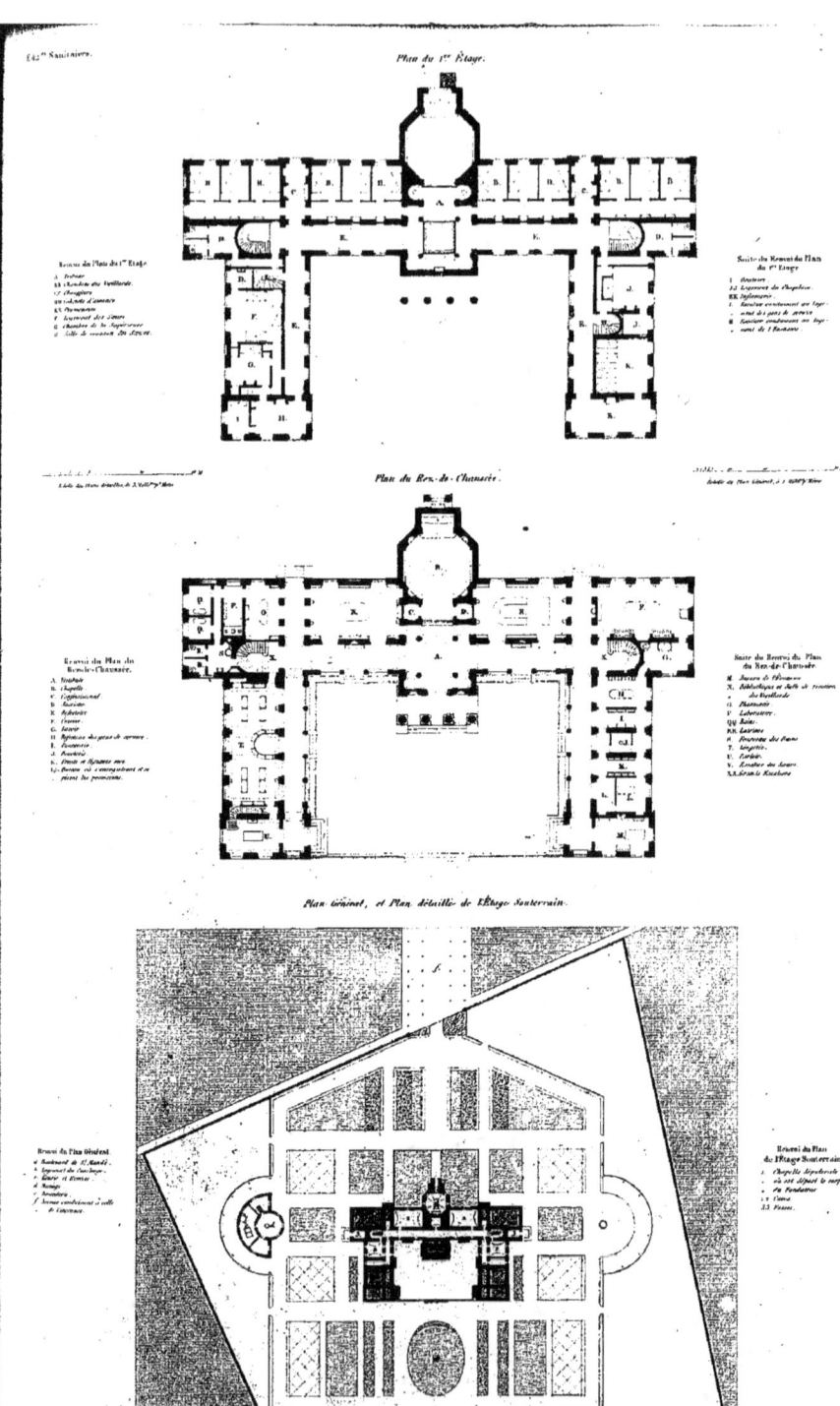

Edif.ce Sanitaires.

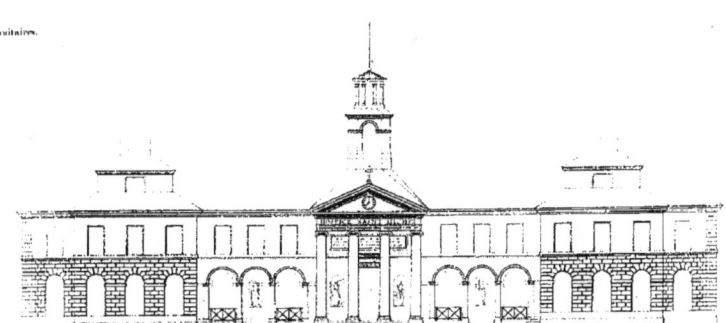

Élévation Principale.

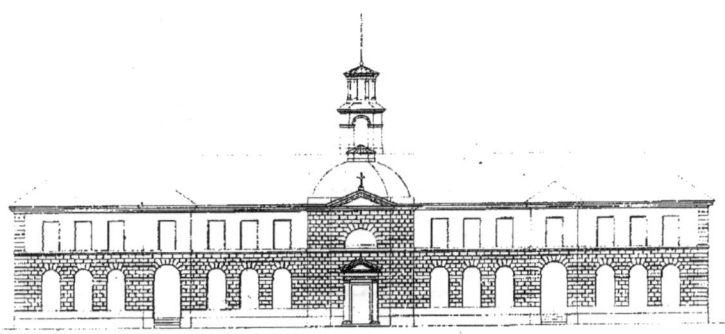

Élévation Postérieure.

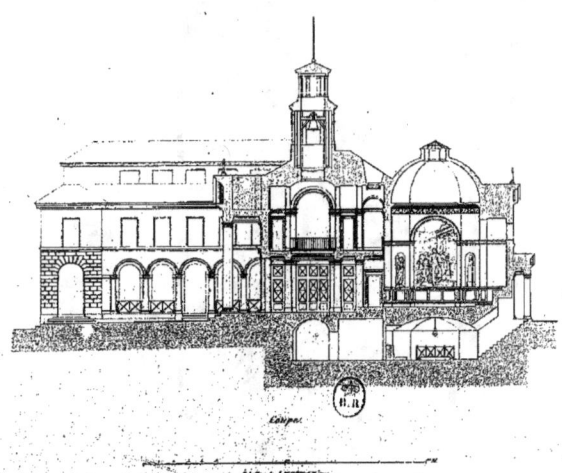

Coupe.

Hospice S.t Michel fondé pour 12 Vieillards par feu Boulard, négociant, à S.t Mandé (Seine) Pl.che 1.re
1827

Ed.ces Sanitaires

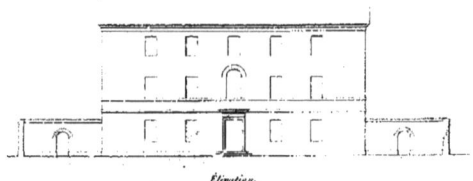

Élévation.

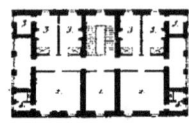

Renvoi du 1er Étage.	Plan du 2e Étage.	Renvoi du 2e Étage
1. Chapelle		1. Lingerie
2.2. Parloirs des Malades.		12. Chambres particulières des Malades
3.3. Chambres de Servants		33. Logements des Religieuses
4.4. Latrines		4.4. Latrines

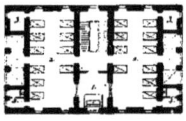

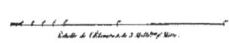

Plan du 1er Étage.

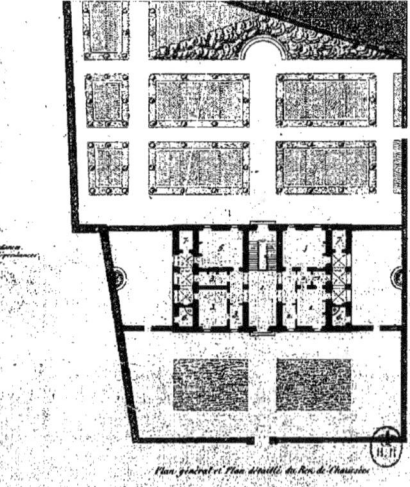

Renvoi.		Suite du Renvoi.
1. Vestibule.		5. Salon de l'Administration.
2.2. Cuisine et dépendances.		6.6. Latrines.
3.3. Pharmacie et dépendances.		7.7. Bûchers.
4. Salle à manger.		

Plan général et Plan détaillé du Rez-de-Chaussée.

Hospice exécuté à Fréjus (Var)
(1858)

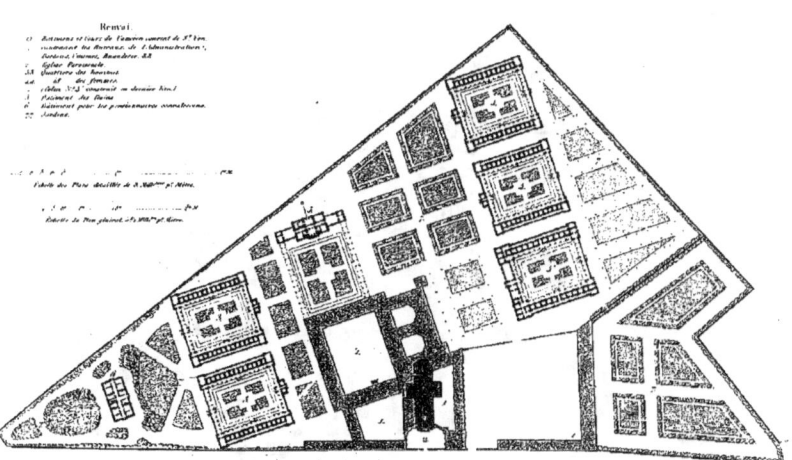

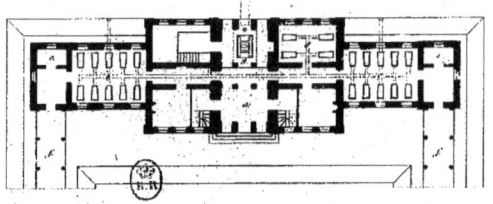

Asile départemental d'Aliénés, dans l'ancien couvent de St Yon, à Rouen (Seine-Inférieure)

Bâtim.ᵗˢ Sanitaires.

Quartier N° 4 du Plan général.

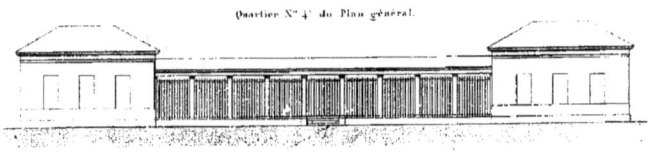

Élévation.

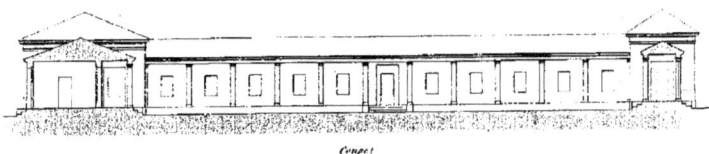

Coupe.

Bâtiment des Bains.

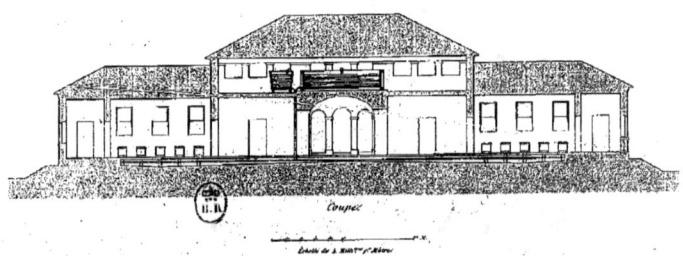

Élévation.

Coupe.

Asile départemental d'Aliénés dans l'ancien couvent de S.ᵗ Yon à Rouen. (Seine-Inférieure) Pl.che 2.ᵐᵉ
(suite.)

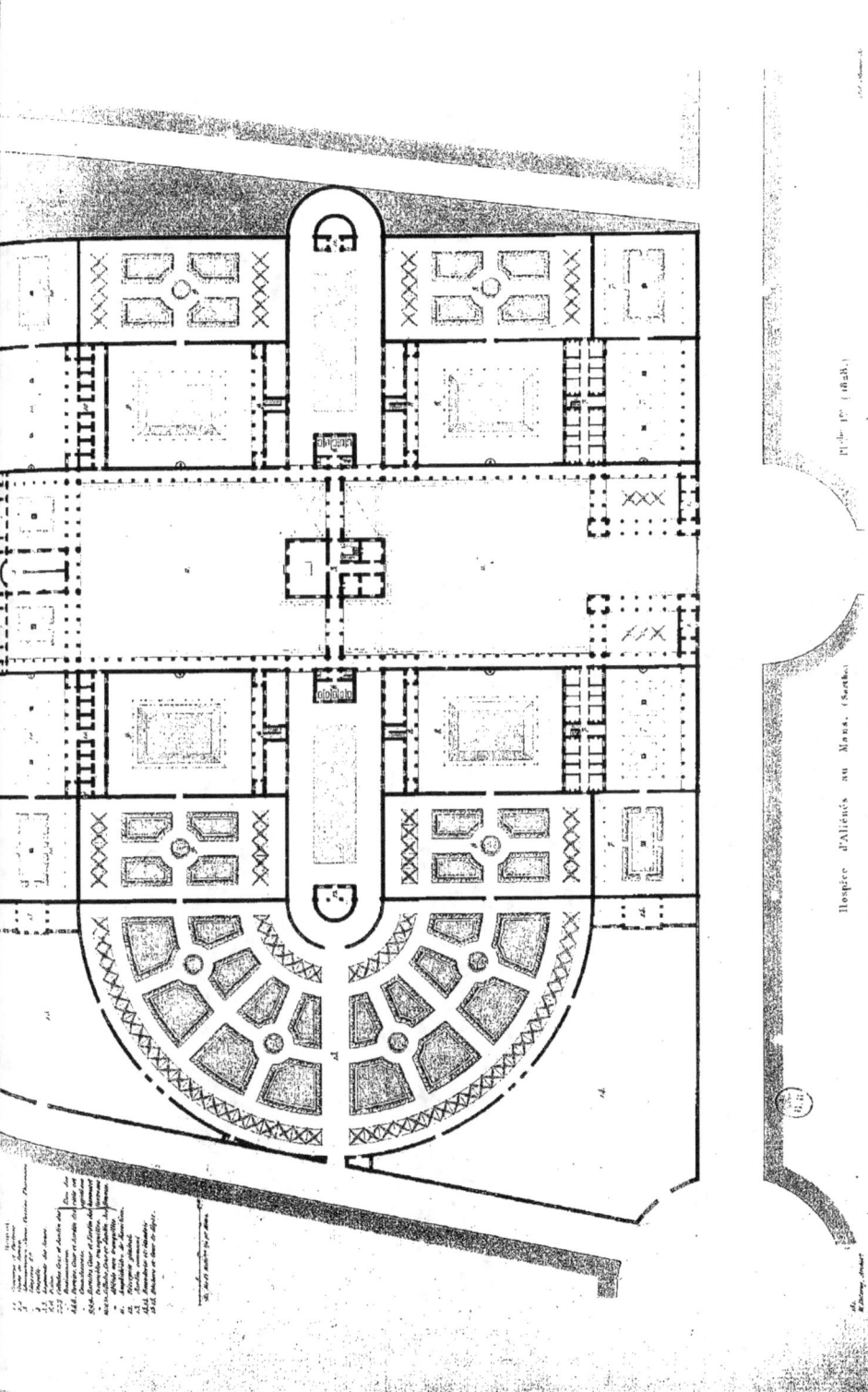

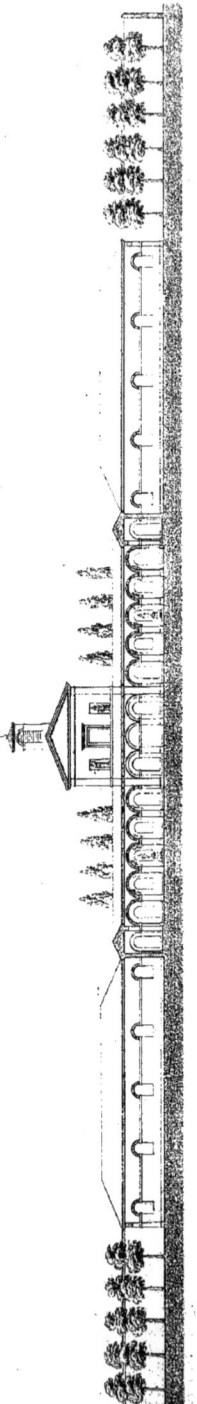

Coupe Transversale dans l'axe de la 2.e Cour.

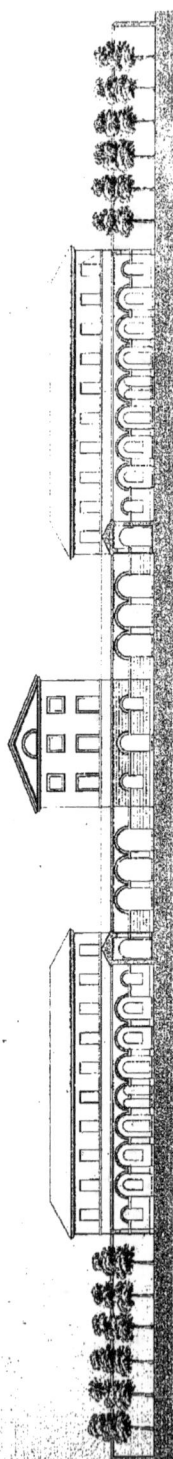

Coupe Transversale dans l'axe de la 1.re Cour.

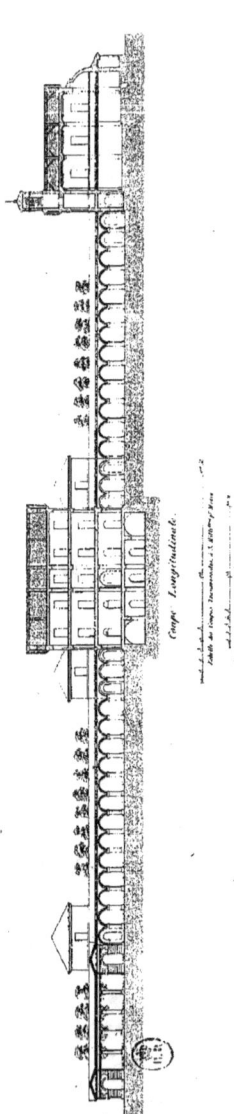

Coupe Longitudinale.

Hospice d'Aliénés au Mans (Sarthe).

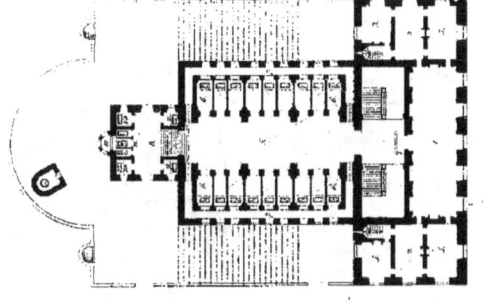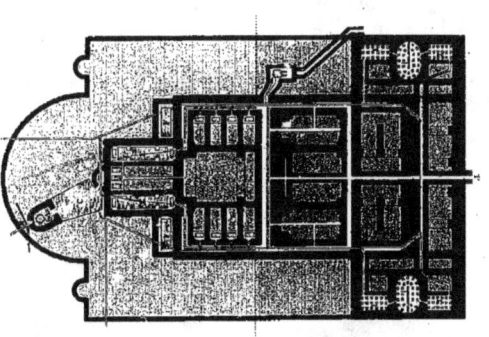

Établissement Thermal exécuté au Mont-d'Or (Puy-de-Dôme), 19ième s.

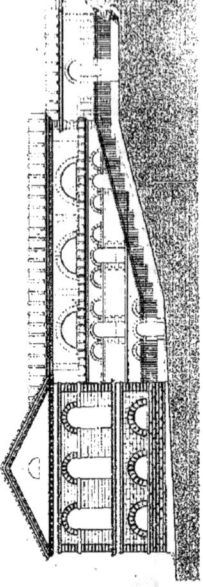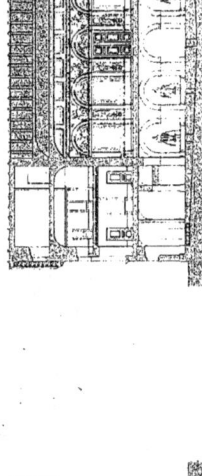

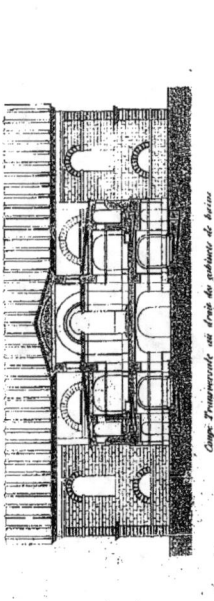
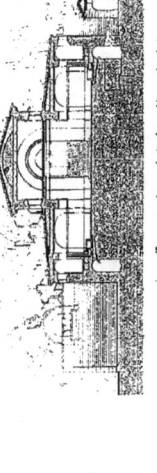
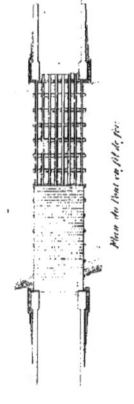
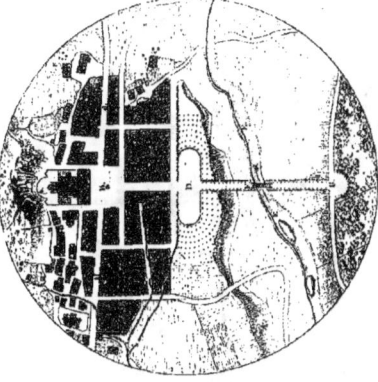

Établissement Thermal exécuté au Mont-d'Or (Puy-de-Dôme). Planche 7ème (1827).

Établissement Thermal du Mont-D'Or (Puy-de-Dôme) Pl.^{che} 2me Plan, Coupe et Fragments des Thermes Antiques qui ont été découverts sur le même emplacement.

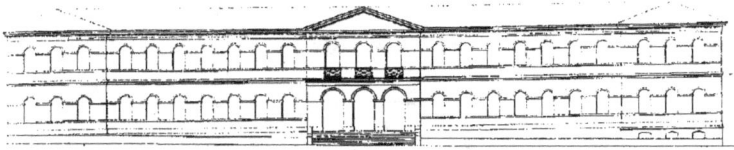

Élévation.

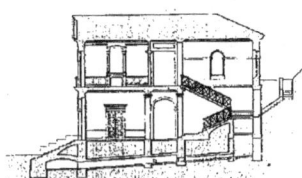

Coupe.

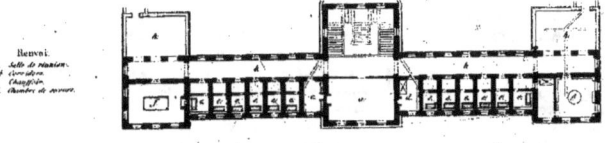

Plan du 1er Étage.

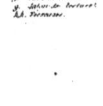

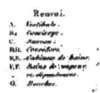

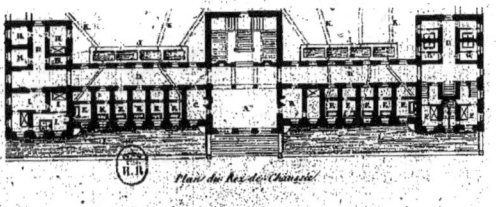

Plan du Rez-de-Chaussée.

Établissement Thermal, construit à Bagnères-de-Bigorre (Hautes-Pyrénées).

SIXIÈME SECTION.

ÉDIFICES D'UTILITÉ PUBLIQUE.

Nous plaçons en tête de cette section l'édifice important qui a été élevé à Paris, pour la réunion de la *Bourse* et du *Tribunal de commerce*.

Ensuite viennent les *entrepôts, halles, marchés et abattoirs*.

Nous classons principalement dans ce volume une partie de ceux des édifices de ce genre qui ont été construits à Paris, comme ayant assez généralement précédé la plupart de ceux qui ont été construits dans les départemens.

Ces derniers trouveront leur place dans les volumes suivans.

BOURSE ET TRIBUNAL DE COMMERCE,

A PARIS (SEINE);

Commencés par feu M. **BRONGNIART**; et achevés par feu M. **LABARRE**, membre de l'Institut et membre honoraire du Conseil des bâtimens civils.

1808 à 1827.

3 planches numérotées 61, 62, 63.

La Bourse de Paris a été placée pendant long-temps de la manière la plus incommode et la moins convenable : d'abord dans une partie de l'ancien hôtel Mazarin, où a depuis été établi le Trésor royal ; puis, pendant la Révolution, dans l'église des Petits-Pères ; ensuite dans une galerie du Palais-Royal ; et enfin, pendant la construction de l'édifice actuel, dans un ancien magasin des décors de l'Opéra, sur la même place.

Le tribunal de commerce n'était guère mieux placé dans un ancien hôtel, derrière l'église Saint-Merry.

Un décret impérial, du 16 mars 1808, ordonna enfin la construction, sur l'emplacement de l'ancien couvent des filles Saint-Thomas, d'un palais destiné à la réunion de ces deux importans établissemens, et la première pierre en fut posée le 24 du même mois. Feu M. Brongniart, auteur du projet primitif, en poussa les travaux avec activité jusqu'à sa mort, arrivée en 1813, et lors de laquelle les constructions s'élevaient jusqu'à deux ou trois mètres au-dessus du soubassement. Ses plans, publiés par sa famille (Paris, 1814, Crapelet), peuvent, comparés à ceux que nous publions ici d'après l'exécution même, faire reconnaître les modifications qui y ont été apportées par son successeur, M. Labarre, sous lequel les travaux, ralentis d'abord en raison des événemens politiques, reprirent bientôt une nouvelle activité, surtout à partir de 1821 et jusqu'en 1827, époque à laquelle ils furent achevés.

Les fondations ont offert d'assez grandes difficultés : elles ont été descendues généralement à environ sept mètres au-dessous du sol de la place; et de plus un fossé qui dépendait, à ce qu'il paraît, de l'enceinte de la ville sous Charles VI, et qui traversait cet emplacement en diagonale, a exigé dans cette direction l'emploi de pilotis.

Tous les murs et points d'appui hors de terre sont en pierres de taille.

Les galeries du rez-de-chaussée et du premier étage sont également voûtées en pierre, ainsi que la salle des Pas-Perdus.

T. I.

Les voûtes et les planchers sont composés de fermes en fer maçonnées à l'aide de pots en terre cuite, de façon à ne laisser craindre aucune chance d'incendie. Le comble est également en fer, et couvert en cuivre.

Le bois n'entre donc dans la construction de cet édifice que pour les portes, les croisées, quelques parquets et lambris, etc.

Des marbres provenant tous, soit des Pyrénées, soit des environs de Boulogne, soit du département du Nord ou d'autres carrières françaises, ont été employés tant en carrelages qu'en revêtemens dans les parties les plus importantes de l'édifice.

Des peintures en grisaille ont été exécutées par d'habiles artistes dans la voûte de la grande salle de la Bourse, ainsi que dans la principale salle d'audience du tribunal, qui est en outre décorée de plusieurs tableaux et bas-reliefs.

Toute la vitrerie des deux principaux étages, ainsi que de la lanterne qui éclaire la grande salle de la Bourse, est exécutée en glaces.

Un appareil de chauffage par la vapeur (disposé d'après les indications de MM. D'Arcet, Gay-Lussac et Thénard, membres de l'Académie des Sciences) échauffe la plus grande partie du rez-de-chaussée et principalement les galeries au pourtour de la grande salle, ainsi qu'une partie de l'entresol. Au besoin, on en trouverait les détails dans le Bulletin de la Société d'encouragement pour le mois de juin 1828.

Une telle construction ne pouvait manquer d'occasionner une dépense considérable. Elle a été, indépendamment de la valeur de l'emplacement, dont la presque totalité a été concédée à la ville par l'État, de. . . . . 8,149,192 fr.
Dont le Gouvernement a payé. 3,789,586
La ville de Paris. 2,266,180
Et le commerce de Paris (principalement au moyen d'un supplément d'impôt sur les patentes pendant plusieurs années). 2,093,626

(*Rapport du Préfet au nouveau Conseil municipal, le 7 décembre 1834*.)

Dans cette somme totale on peut distinguer les sommes partielles ci-après :

Sommes payées à 14 artistes (5 peintres et 9 statuaires) pour les tableaux, statues, bas-reliefs, etc. . . . . . 186,400 fr.

Nota. — Des détails exacts de ces sommes et des objets auxquels elles ont rapport sont donnés par le *Guide dans le palais de la Bourse* (Paris, 1833, Firmin Didot).

Sculptures d'ornemens pour chapiteaux, frises, etc. 282,600

5

Horloge par M. Lepaute.	12,000
Marbres des Pyrénées, pour matière seulement, non compris la main-d'œuvre.	79,400
Glaces pour vitrages.	87,500
Couverture { Matière. . . 77,900 fr. } en cuivre. { Main-d'œuvre. . 27,500 }	105,400
Appareil de chauffage par la vapeur.	120,000

ENTREPÔT RÉEL DES DOUANES,

A PARIS, place des Marais (SEINE);

Par M. GRILLON, architecte de la compagnie de l'Entrepôt.

1833 et 1834.

3 planches numérotées 189, 190 et 191.

La question de savoir si Paris deviendrait ou non une ville d'entrepôt ayant, après plusieurs années de discussion, été décidée affirmativement par l'Administration, il restait à faire un choix entre les nombreux projets et emplacemens proposés par diverses compagnies. Deux d'entre elles furent autorisées : l'une pour un emplacement situé sur la rive gauche de la Seine, à peu de distance de sa sortie de Paris; l'autre pour la place des Marais, sur le canal Saint-Martin. (On sait que ce canal met en communication la Seine, après son entrée dans Paris, avec le bassin de La Villette à la barrière de Pantin, de là avec le canal de l'Ourcq, et enfin avec celui de Saint-Denis, qui va rejoindre le même fleuve à La Briche; ce qui épargne à la navigation le circuit considérable de la Seine en cet endroit.)

Ces deux entrepôts étant, en raison des prescriptions communes de l'Administration, d'une disposition générale à peu près semblable, nous ne donnons ici que celui de la place des Marais.

La planche 189 en présente l'ensemble tel qu'il pourra avoir lieu si, ce qui est probable, les besoins du commerce en requièrent l'extension; les deux planches suivantes contiennent les plans ainsi que les coupes et les élévations détaillées de la partie centrale, qui seule a été construite jusqu'ici.

La totalité des fondations a été établie en béton, en raison de la nature inégale du sol, qui aurait exigé, pour un autre mode de construction, des fouilles extrêmement profondes.

Les murs extérieurs sont construits en meulières avec socles et chaines en pierre de taille.

Les planchers sont établis sur des poteaux en bois à 4 mètres environ l'un de l'autre, espacement à peu près semblable à celui qui a été adopté pour les entrepôts d'Anvers et de beaucoup d'autres villes, comme également convenable sous le rapport de la solidité et de la facilité du service. Ces planchers sont considérés comme pouvant recevoir moyennement, suivant la nature des marchandises, 750 kilogrammes (trois quarts de tonneau ou quintal métrique) par mètre carré; de sorte qu'en y comprenant les hangars accessoires, la partie actuellement construite peut contenir environ 10,000 tonneaux. Cette quantité pourrait être triplée en exécutant la totalité du projet.

Les frais de construction sont revenus pour chaque corps de magasin à environ 450,000 fr., et pour toute la partie exécutée de l'entrepôt à 1,500,000 fr. L'achèvement de la totalité porterait l'ensemble de la dépense, à peu près, à 4,000,000 de fr. Dans ces sommes n'est pas comprise la valeur du terrain; il a été fourni par la ville, à laquelle la propriété de l'entrepôt doit rester au bout de 81 ans.

La partie exécutée l'a été en moins de neuf mois.

ENTREPÔT GÉNÉRAL DES VINS ET EAUX-DE-VIE,

A PARIS (SEINE),

Par M. GAUCET, architecte.

1811 à 1836.

4 planches numérotées 134, 135, 136 et 137.

L'ancienne halle aux vins de Paris, construite sous Louis XIV sur une petite partie de l'emplacement considérable qu'occupe l'entrepôt actuel, était tout-à-fait insuffisante pour sa destination.

Son extension entra nécessairement dans le vaste ensemble d'établissemens utiles dont l'exécution fut commencée sous l'Empire. Un décret du 30 mars 1808 affecta les terrains situés sur le quai Saint-Bernard, entre les rues de Seine et des Fossés-Saint-Bernard, *à la formation d'un marché et entrepôt franc pour les vins et eaux-de-vie, susceptible de contenir, tant à couvert qu'à découvert, jusqu'à 150,000 pièces de vin*.

La première pierre ayant été posée le 15 août 1811, les travaux furent poussés avec activité jusqu'en 1814; après s'être ralentis pendant quelques années, ils ont été repris avec ardeur, et ils sont actuellement presque terminés.

Dès la fin de 1813, une partie des halles avait été livrée au commerce; depuis, chacune des autres portions de l'établissement lui a successivement été livrée au fur et à mesure de l'achèvement.

Tous les bâtimens sont construits ainsi qu'il suit : les socles, les chaines, les bandeaux, les pieds-droits et les cintres d'arcades, sont en pierre de taille, et le surplus en meulière.

Les voûtes des celliers inférieurs sont en meulière, et celles des celliers supérieurs en poteries creuses.

Toutes les couvertures sont en tuiles creuses.

Les acquisitions qu'il a fallu faire pour l'extension de l'emplacement ont coûté à peu près.	5,000,000 fr.
Et l'ensemble des constructions s'élèvera à environ.	15,000,000
Ensemble.	20,000,000

En définitive, l'ensemble de cet établissement présente, tant en celliers qu'en magasins, une surface couverte de plus de cent mille mètres carrés, susceptible de contenir (*gerbés* à quatre ou cinq rangs, ainsi que le font la plupart des marchands) près de 500,000 *pièces de vin* (équivalant à peu près à 600,000 hectolitres) et 15 à 20,000 *pièces d'eau-de-vie* (environ 50,000 hectolitres).

Ainsi, les prescriptions du décret ont été *plus que doublées*; et cependant, l'entrepôt ne reçoit guère qu'un tiers des vins et eaux-de-vie sur lesquels porte le commerce de Paris (principalement la partie qui est consommée dans la capitale même). Les deux autres tiers (comprenant, au contraire, toute la partie qui est réexportée) sont reçus dans des entrepôts particuliers établis presque tous *extra muros*, et surtout à Bercy.

Les *celliers* voûtés sont principalement affectés aux vins *fins*, dont le débit est moins prompt, et pour lesquels il importe plus d'éviter, autant que possible, une déperdition; les *magasins* non voûtés servent plus généralement pour les vins *ordinaires*.

HALLE AUX BLÉS,

A FALAISE (CALVADOS);

Par M. LEVAVASSEUR, architecte de la ville.

1824 à 1827.

1 planche numérotée 12.

Les socles de tout l'édifice, une partie des faces sur les deux rues, et les arcades intérieures sont en pierre de taille; le surplus des murs est en moellon.

Cette construction a coûté 52,000 fr.

HALLE AUX BLÉS, ET HALLE AUX TOILES,

A RENNES (ILLE-ET-VILAINE);

Par feu **M. GORIER**, architecte du département.

1821.

2 planches numérotées 16 et 17.

La construction de la première de ces halles a été adjugée pour 68,000 fr., et celle de la seconde pour 89,000 fr.

MARCHÉ AUX VIANDES, LÉGUMES ET POISSONS,

DIT *DES CARMES* (1), A PARIS, place Maubert (SEINE);

Par **M. VAUDOYER**, membre de l'Institut, et membre honoraire du Conseil des bâtimens civils.

1815.

2 planches numérotées 147 et 148.

Feu M. Bruyère a donné, dans le quatrième recueil de ses *Études relatives à l'art des constructions* (Paris, 1823), les divers marchés de la capitale à la création desquels il a coopéré comme directeur des travaux de Paris, savoir : le marché Saint-Martin, le marché des Carmes, le marché Saint-Gervais, et le marché Saint-Germain.

Le marché Saint-Gervais (ou des Blancs-Manteaux) a été en outre publié avec détails (Paris, A. Boucher, 1827) après la mort de M. Delespine, qui en avait été l'architecte; et le marché Saint-Germain l'a été également (Paris, 1816) du vivant de son auteur, feu M. Blondel.

Nous reproduisons ici de préférence le marché des Carmes, par la raison que, depuis qu'il a été publié par M. Bruyère, il a été complété au moyen de deux petits bâtimens de dépendances, exécutés d'après les plans de M. Lelong, qui avait été chargé de l'inspection des travaux du marché même.

Sa construction se compose, à peu près comme celle des autres marchés dont nous venons de parler, de fondations partie en pierre et partie en moellon, et de murs en pierre de taille; le comble est couvert en tuiles creuses.

Cette construction a coûté environ. . . . . . 728,000 fr.
Les acquisitions ont coûté en outre à peu près. . 200,000

Ce qui fait en tout. . . . . 928,000 fr.

(1) Ce nom vient du couvent et de l'église des Carmes, qui ont été démolis, tant pour former une partie de l'emplacement de ce marché que pour procurer l'élargissement des rues environnantes.

POISSONNERIE,

A ANGERS (MAINE-ET-LOIRE);

Par **M. LACHÈSE**, architecte du département.

1833.

1 planche numérotée 202.

Un réservoir établi près de cette poissonnerie, et des conduits communiquant aux cuves dans lesquelles le poisson est déposé, donnent moyen d'y renouveler l'eau facilement.

Les tables sur lesquelles le poisson est mis en vente sont en marbre.

La dépense qu'a occasionné l'établissement de cette poissonnerie s'est élevée à peu près :

Pour travaux de construction, à . . . . 42,000 fr.
Et pour sièges, tables, bassins, etc., à 10,000

En tout. . . . . 52,000 fr.

MARCHÉ AUX VACHES GRASSES,

A PARIS (SEINE);

Par **M. HUVÉ**, architecte.

1824 à 1826.

1 planche numérotée 45.

Ce marché a été bâti sur l'un des côtés de la place de l'ancienne halle aux veaux, dont il forme en quelque sorte une annexe.

Il est construit en pierre et meulière.

La dépense s'est élevée à la somme de 21,000 fr.

MARCHÉ AUX CHEVAUX,

A PARIS (SEINE);

Par **M. LAHURE**, architecte.

1820.

2 planches numérotées 167 et 168.

Ce marché était déjà établi sur cet emplacement, et l'on s'est borné à en régulariser et en améliorer les dispositions.

ABATTOIR A BOEUFS, VEAUX ET MOUTONS,

A PARIS barrière de Villejuif (SEINE);

Par feu **M. LELOIR**, architecte.

1812 à 1820.

1 planche numérotée 173.

Il y avait déjà plusieurs siècles (1) que la capitale éprouvait le besoin d'*abattoirs* spéciaux et placés à proximité de son enceinte extérieure, lorsqu'enfin un décret impérial du 9 février 1810 ordonna la construction des cinq abattoirs du Roule, de Montmartre (celui-ci fut même commencé dès 1809), de Ménilmontant, de Villejuif et de Grenelle.

Aussitôt les architectes chargés de ces cinq abattoirs, MM. Petit-Radel, Bellanger (auquel succéda bientôt M. Poidevin), Happe, Leloir, et Gauché (qui fut depuis remplacé par M. Gisors aîné), se réunirent en commission pour l'étude des projets; ils se trouvèrent peu de temps après sous la présidence de feu M. Bruyère, qui fut chargé de la *direction des travaux publics de Paris*, instituée alors pour l'exécution des nombreux édifices que l'Empereur voulait faire élever dans la capitale.

L'ensemble des travaux, commencé définitivement en 1811, a été entièrement achevé en 1820.

Ces cinq abattoirs offrent tous à peu près les mêmes dispositions d'ensemble et de détail.

Quant à leur importance respective, celui du Roule est à peu près égal à celui de Villejuif, chacun d'eux renfermant trente-deux cases d'échaudoir; celui de Grenelle en renferme quarante-huit; et chacun de ceux de Montmartre et de Ménilmontant, soixante-quatre; en tout deux cent quarante cases, exploitées par près de cinq cents bouchers. Quelques-uns achètent chez leurs confrères la viande toute préparée; d'autres se réunissent pour occuper en commun le même échaudoir et les cases des bouveries et bergeries qui y correspondent. Plusieurs forts bouchers, au contraire, occupent chacun plusieurs échau-

(1) On trouve dans le Recueil des Ordonnances du Louvre, t. X, p. 374, une ordonnance rendue par Charles VI, en 1416, qui porte que « Toutes les tueries et escorcheries seront « translatées hors des murs de la ville de Paris, près ou environs des Tuileries-Saint-Honoré, « qui sont sur la rivière de Seine, outre les fossés du Louvre. »

doirs. En résultat, ces deux cent quarante cases servent à l'abattage annuel de (terme moyen) 85,000 bœufs et vaches, 70,000 veaux, et 350,000 moutons. L'expérience a même fait reconnaître qu'elles pourraient suffire à une consommation plus considérable.

Ces cinq abattoirs ayant été gravés dans les *Études relatives à l'art des constructions*, publiées par M. Bruyère (Paris, 1825), nous nous bornons ici à en présenter en quelque sorte le type, en donnant, sur une petite échelle, les plans, coupes et élévations de celui de Villejuif.

Le même mode de construction a également été employé dans les cinq abattoirs : les soubassemens de tous les bâtimens sont en pierre de taille, ainsi que la totalité des murs des échaudoirs, et les chaînes et bandeaux des murs des autres bâtimens, dont le surplus est en meulière ; la charpente des planchers et des combles est en chêne, et les couvertures en tuiles creuses.

Les réservoirs ont tous été construits, sur voûtes, en meulière revêtue d'enduits en mortier hydraulique. Leur capacité est, pour l'ensemble des cinq abattoirs, de plus de 900 mètres cubes ; et la quantité d'eau consommée est, d'après un marché passé à ce sujet, de 97,350 mètres cubes par an. Quelque considérable que soit cette quantité, il serait désirable qu'elle fût fortement augmentée, doublée peut-être, pour donner moyen d'opérer des lavages plus larges et plus fréquens.

La totalité des acquisitions faites pour l'établissement des cinq abattoirs a coûté. . . . . 659,597 fr.
Et la totalité des constructions à peu près. . 16,785,345
En tout. 17,444,742 fr.

L'abattoir de Villejuif est compris dans ces sommes pour celles qui suivent :
Acquisitions. . . . . 51,423 fr.
Constructions. 2,408,753
Ensemble. . . . . 2,460,176 fr.

(*Rapport du Préfet au Conseil municipal*, en date du 27 décembre 1854.)

Au besoin, on trouverait des notions plus détaillées sur ces établissemens, tant dans l'ouvrage précité de M. Bruyère qu'au mot *Abattoir* du *Dictionnaire de l'Industrie* (Baillière, 1835) et de l'*Encyclopédie du* XIXe *siècle* (Paris, 1836).

ABATTOIR A PORCS,

A NANTERRE (SEINE);

Par M. BLANCHON, architecte.

1819 à 1820.

1 planche numérotée 178.

La construction de cet abattoir est une opération particulière qui a été faite pour le compte de la compagnie des charcutiers de Nanterre, lesquels pourvoient à une grande partie de l'approvisionnement de Paris.

Elle a coûté. . . . . 97,000 fr.

Jusqu'ici la capitale même ne possède pas d'abattoirs à porcs construits par les soins de l'Administration ; mais, dans plusieurs de ceux que diverses autres villes ont fait bâtir pour le service de la boucherie même, on a disposé un quartier particulier pour les porcs ; et dans celles où, comme à Paris, on est dans l'habitude de griller ces animaux après les avoir abattus, on a construit des *brûloirs* isolés, au lieu de les établir en contiguïté des lieux d'abat même, comme ils le sont ici. Cet isolement est peut-être un peu moins commode pour le service ; mais il en résulte moins de chances d'incendie, et peut-être aussi plus de propreté dans la préparation des viandes.

D'autres dispositions sont nécessaires dans les endroits où l'*échaudage* est substitué au *grillage*. Nous aurons occasion de faire connaître, dans les volumes suivans, des abattoirs à porcs établis selon ces diverses hypothèses.

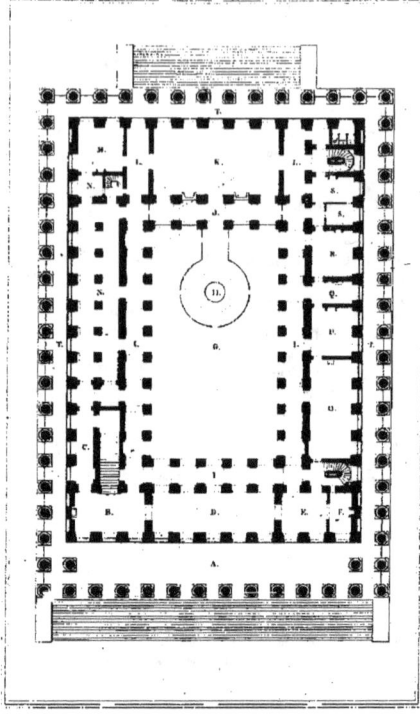

Bourse et Tribunal de Commerce exécutés à Paris (Seine) Pl.er 1.er
(1808 à 1826)

Bourse et Tribunal de Commerce exécutés à Paris. (Seine) 19.me g.me
(1808 à 1826.)

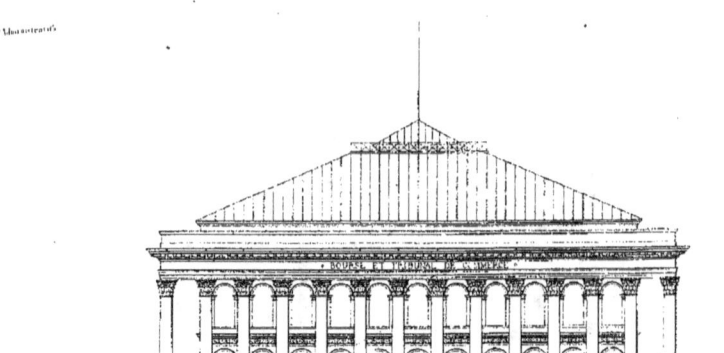

Élévation Principale.

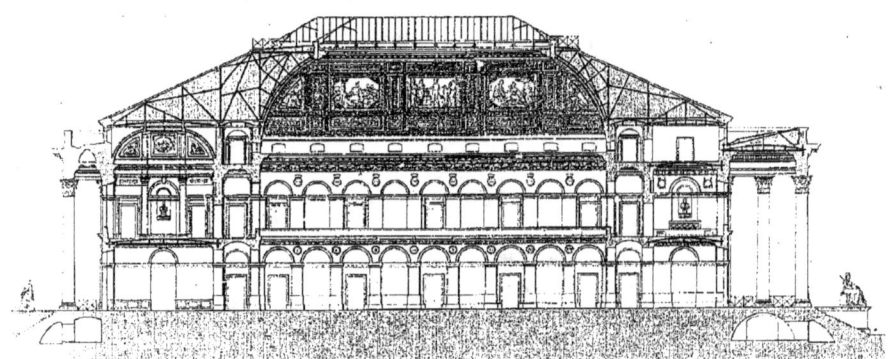

Coupe Longitudinale.

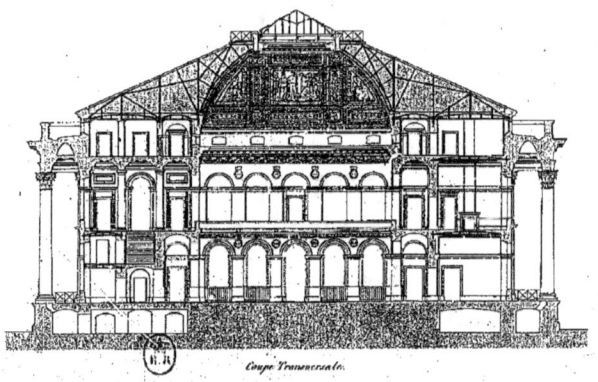

Coupe Transversale.

Bourse et Tribunal de Commerce exécutés à Paris (Seine) Pl.che 3.me
(1808 à 1846.)

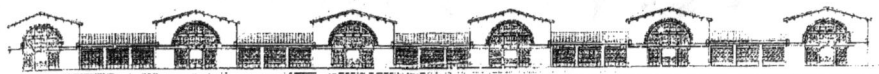

Élévation Générale sur le Canal.

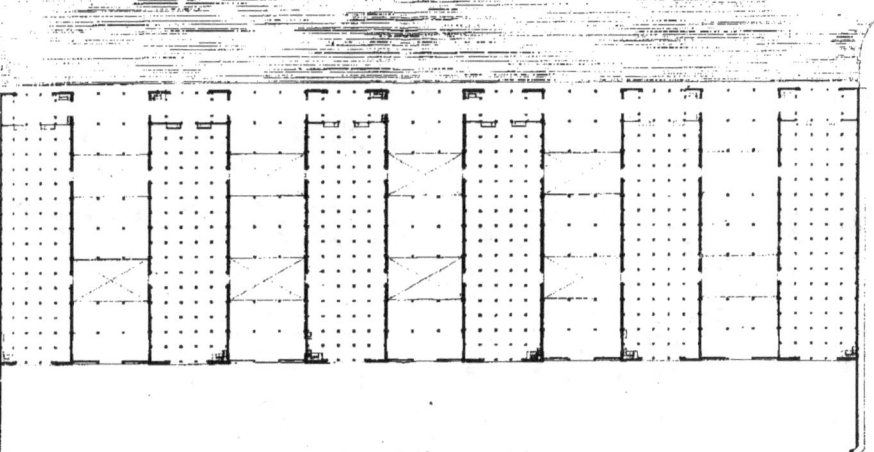

Plan Général.

Coupe Transversale.

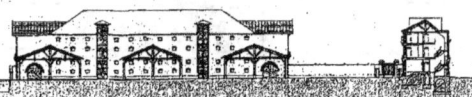

Entrepôt de la Place des Marais, à Paris. (Seine.) Pl. 1re
(1833.)

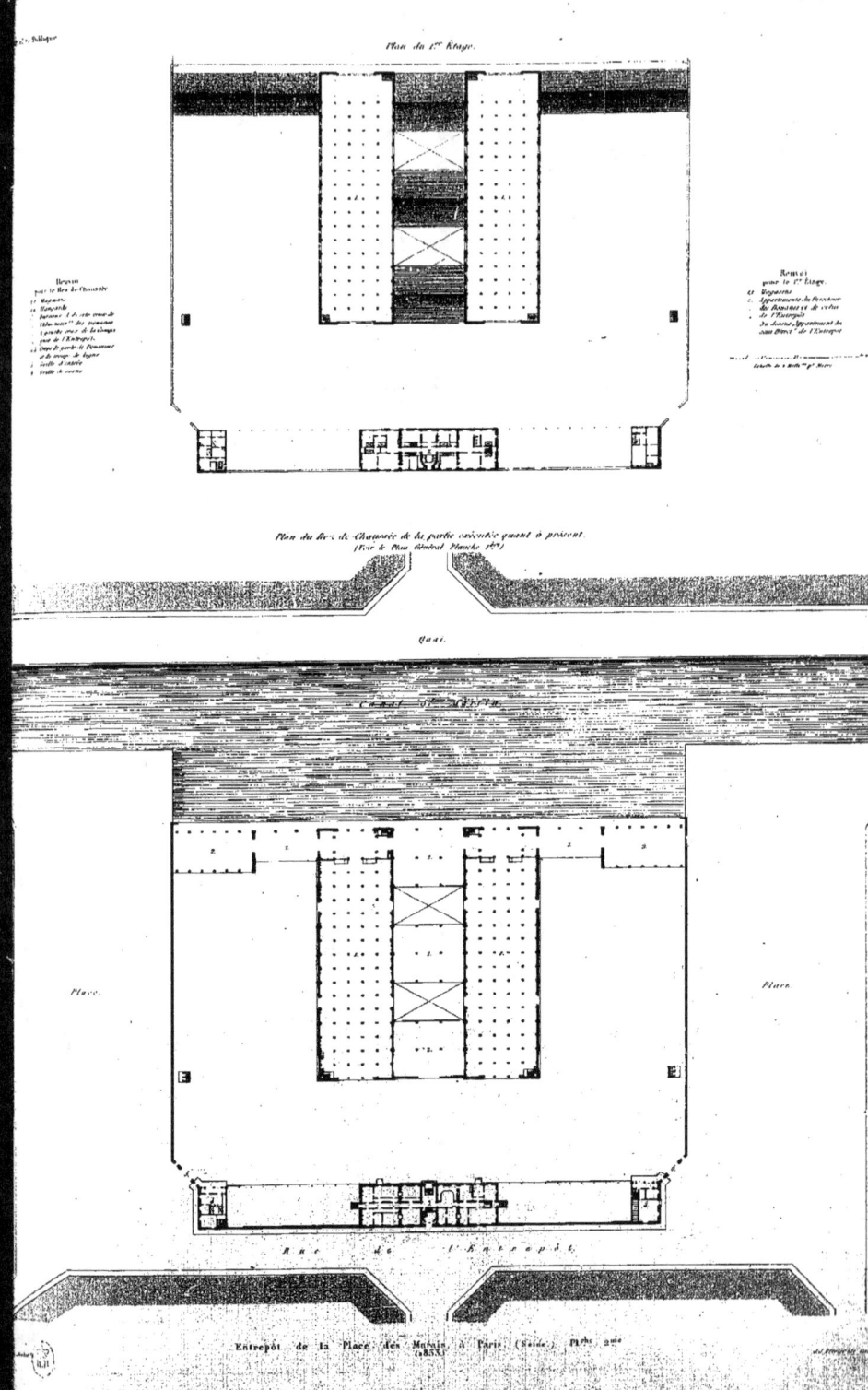

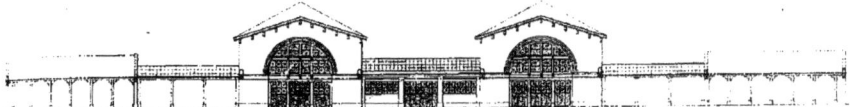

Élévation du côté du Canal.

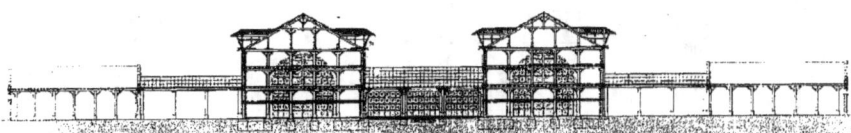

Coupe Transversale.

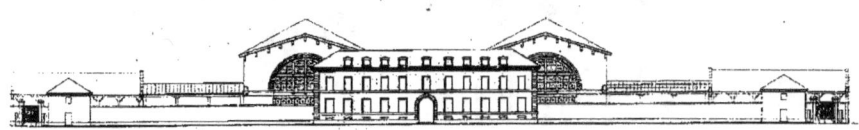

Élévation sur la rue de l'Entrepôt.

Entrepôt de la Place des Marais, à Paris. (Seine.) (1833.)

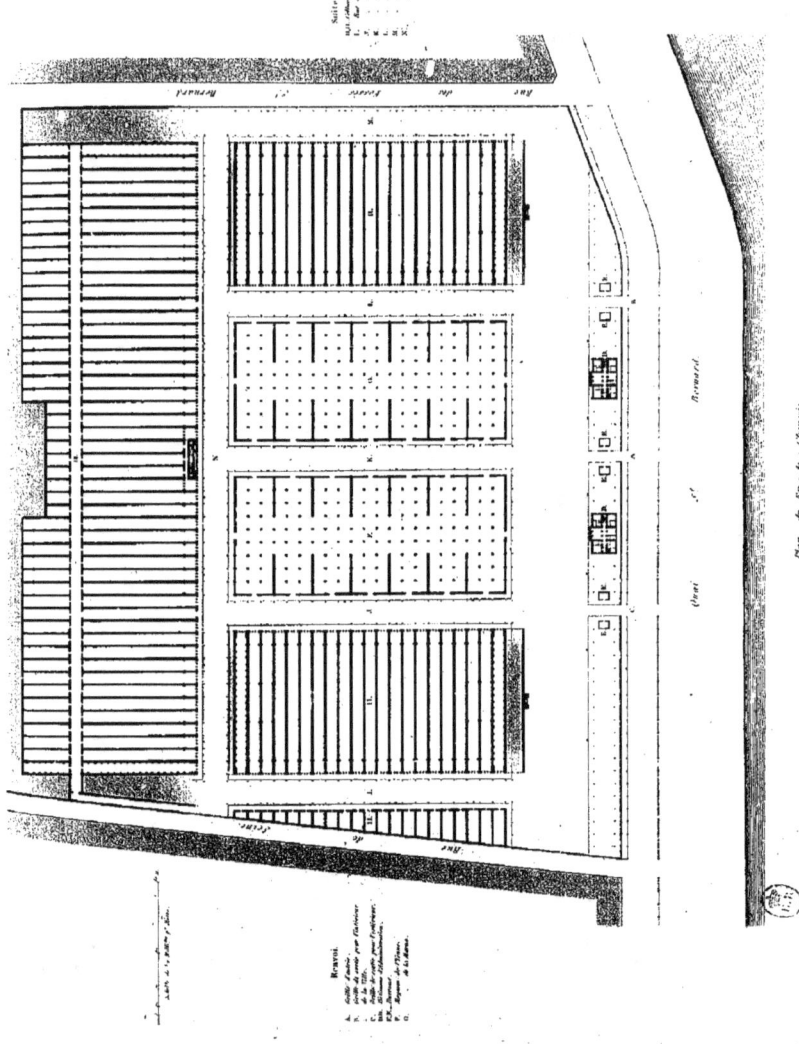

Plan du Rez-de-Chaussée.

Entrepôt général des Vins et Eaux-de-Vie construit à Paris (Seine) près par toise à 1834.

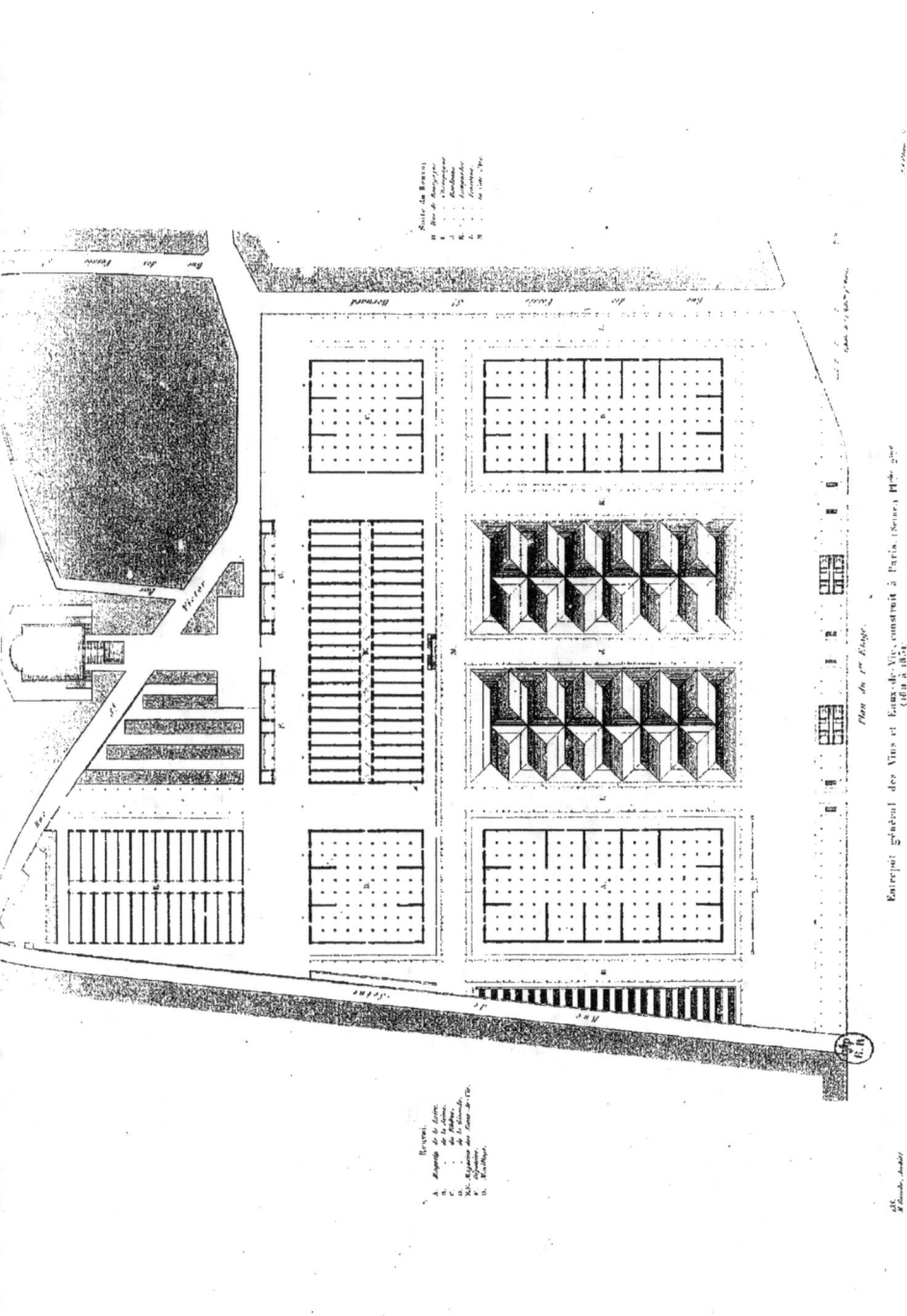

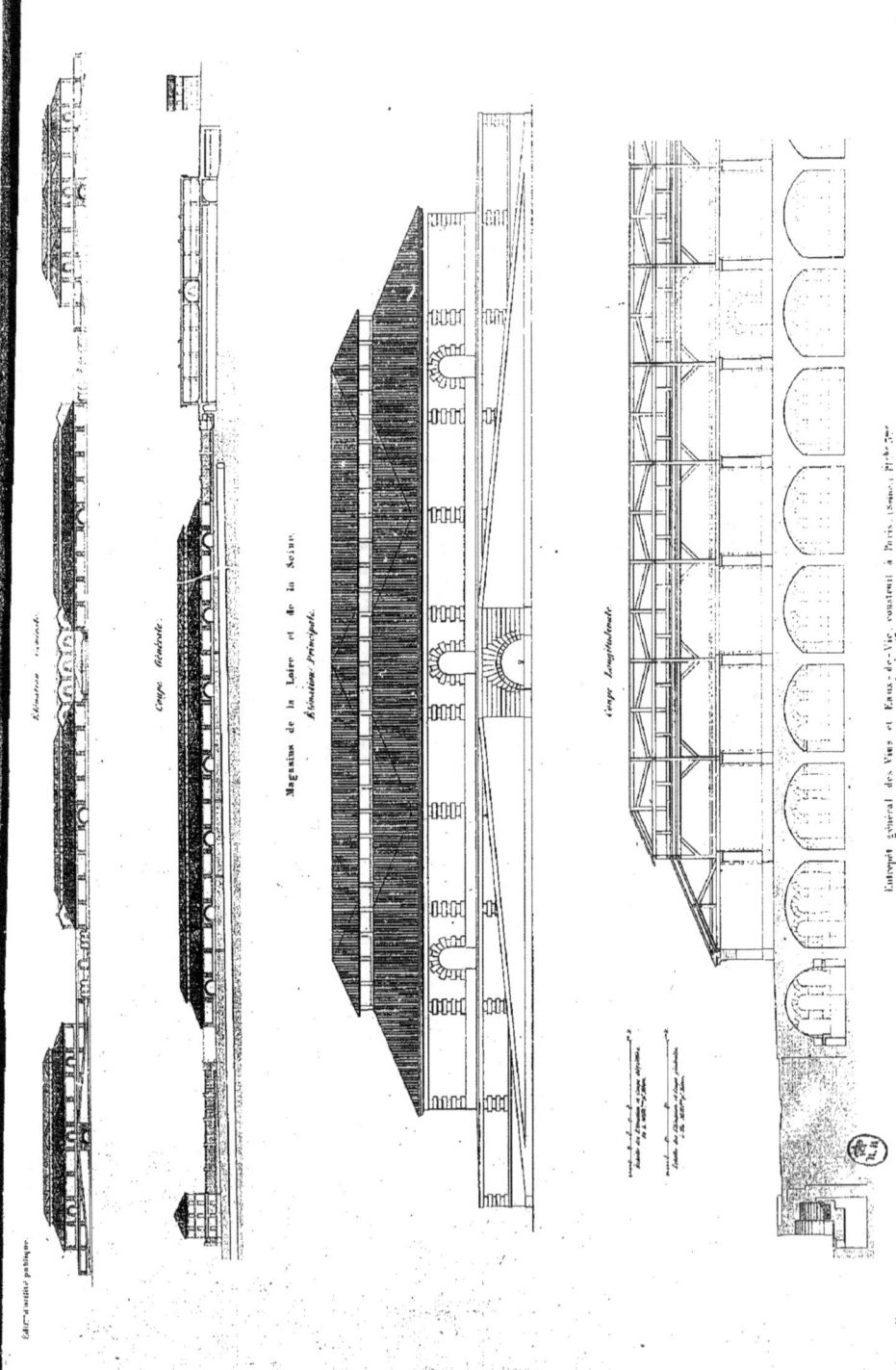

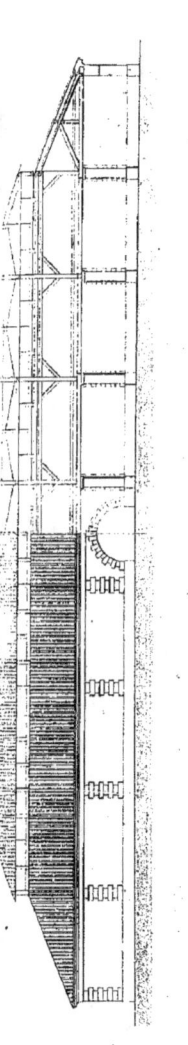

Élévation Latérale.

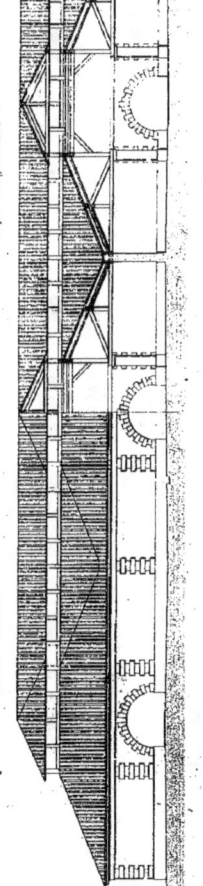

Coupe Longitudinale.

Magasin des Eaux-de-Vie.
Élévation Principale.

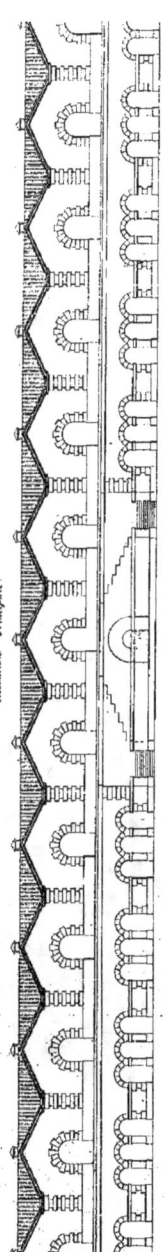

Coupe Transversale au droit de la Galerie.

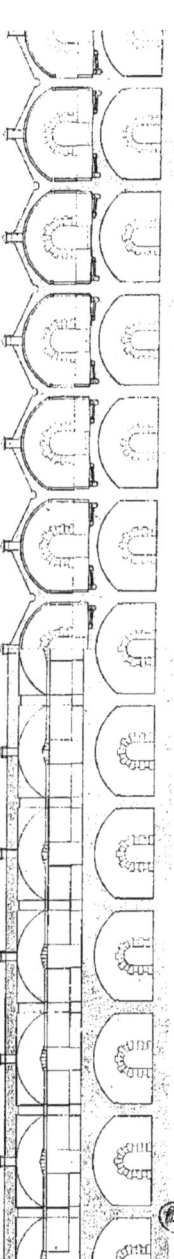

Coupe Transversale au droit des Cours et Magasins.

Entrepôt général des Vins et Eaux-de-Vie, construit à Paris. (1850 à 1855)

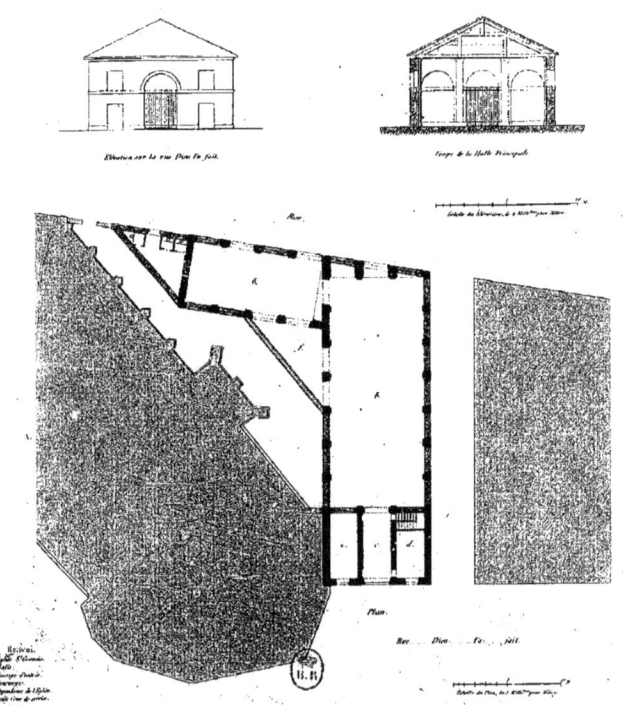

Halle aux Blés, exécutée à Falaise. (Calvados.)

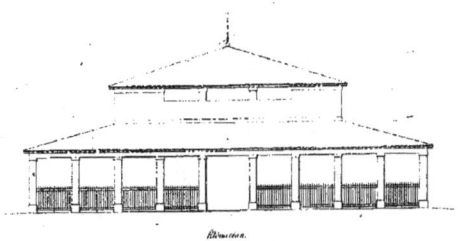

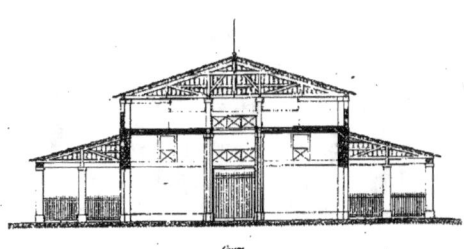

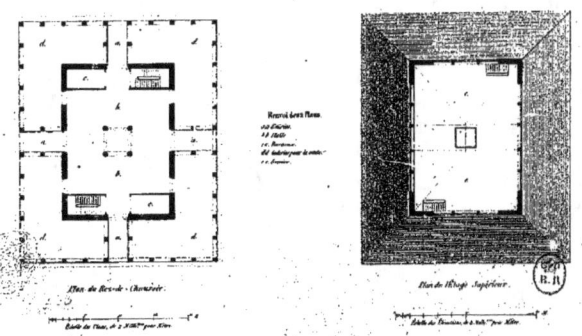

Halle aux blés, éventée à Rennes, (Ille et Vilaine)

Édifice secondaire à l'Approvisionnement.

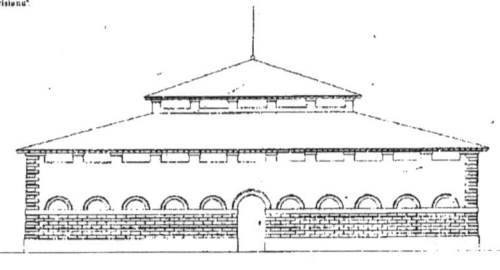

Élévation.

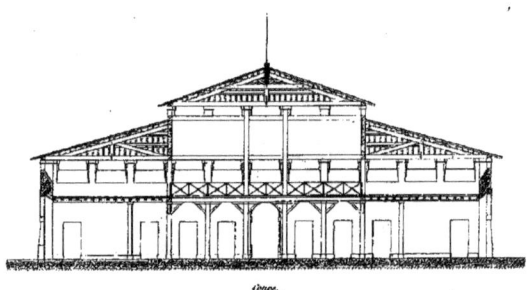

Coupe.

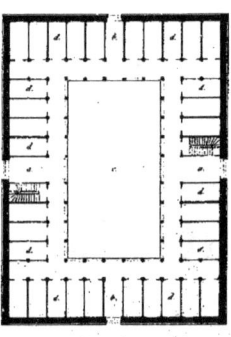

Plan du rez-de-chaussée.

Plan de l'étage supérieur.

Halle aux Toiles, exécutée à Rennes. (Ille-et-Vilaine.)

Edifices d'Utilité publique.

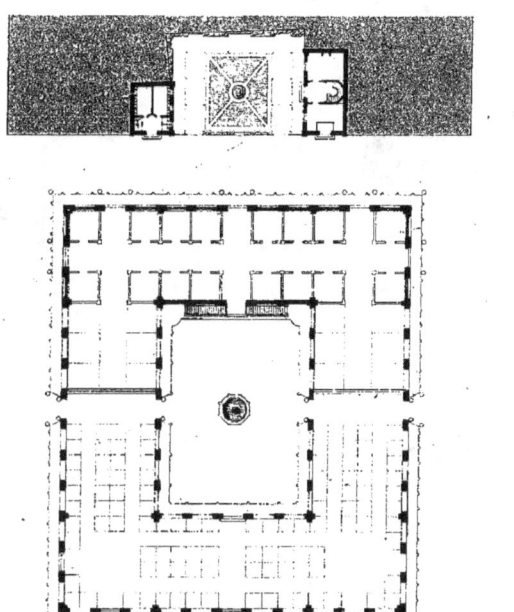

Plan du Rez-de-Chaussée.

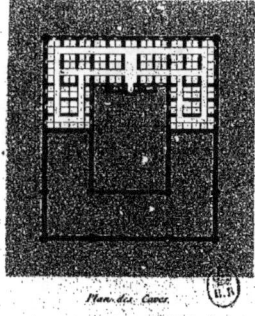

Plan des Caves.

Marché des Carmes, construit à Paris. (Seine.) Pl.che 1.ère

(4)ᵉ d'Utilité publique.

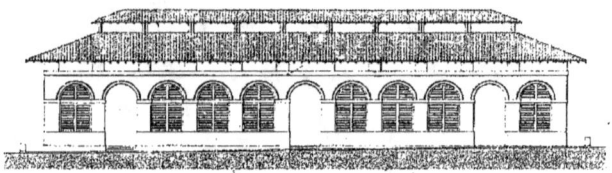

Élévation Principale.

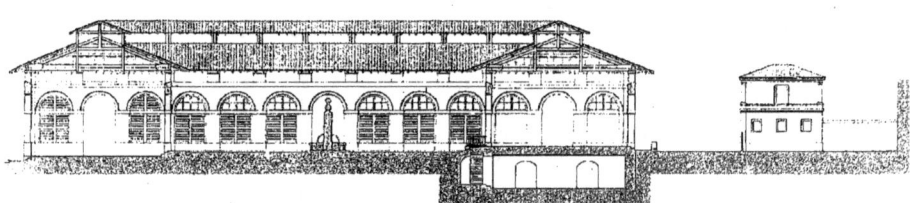

Coupe Longitudinale.

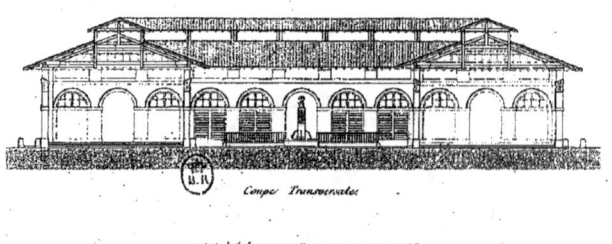

Coupe Transversale.

Marché des Carmes, construit à Paris. (Seine.) 12ᵐᵉ arr.
(1813).

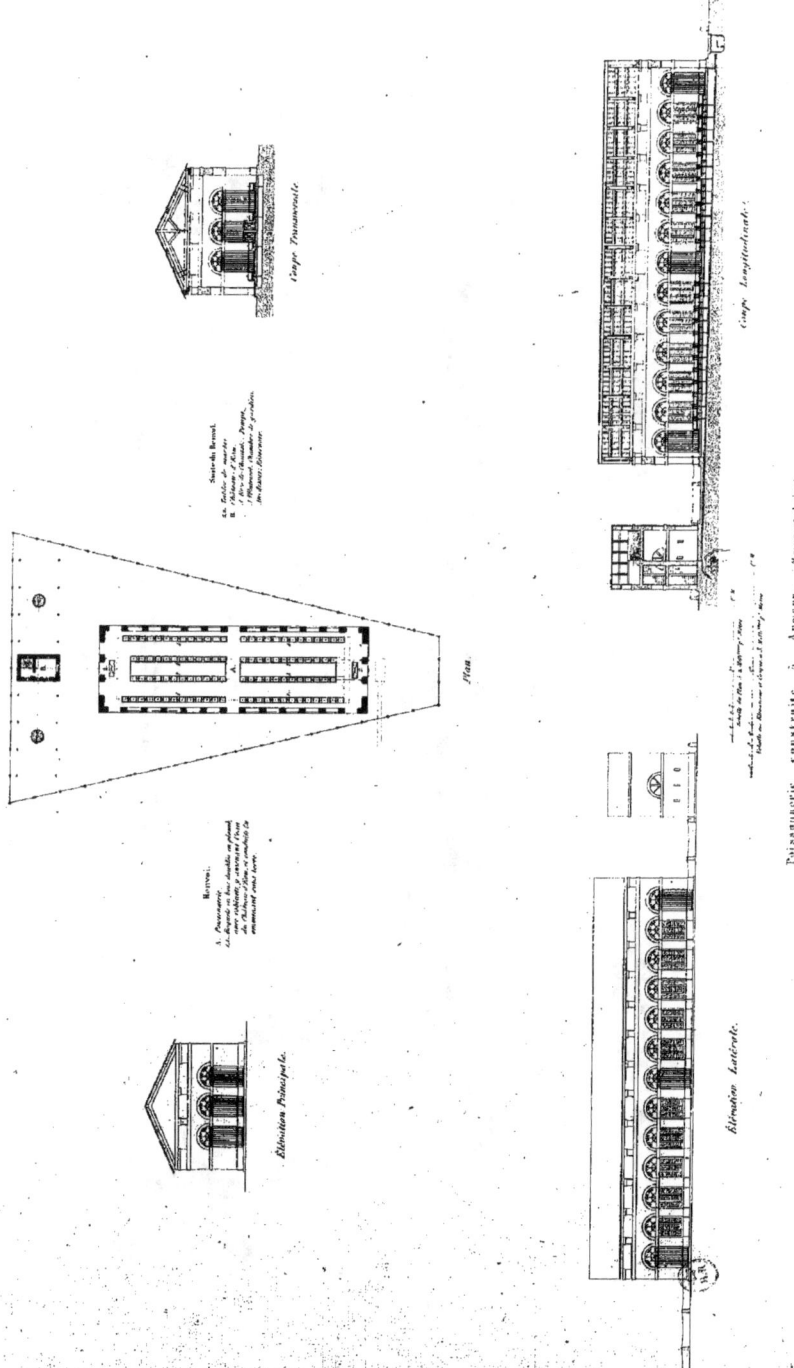

Édifice servant à l'Approvisionnement.

Élévation sur la rue de l'entrepôt. Coupe Transversale. Élévation sur le Marché.

Façade Latérale.

Plan.
Place du Marché aux veaux.

Marché aux vaches grasses et veaux à Paris (8.e arr.t) 1863.

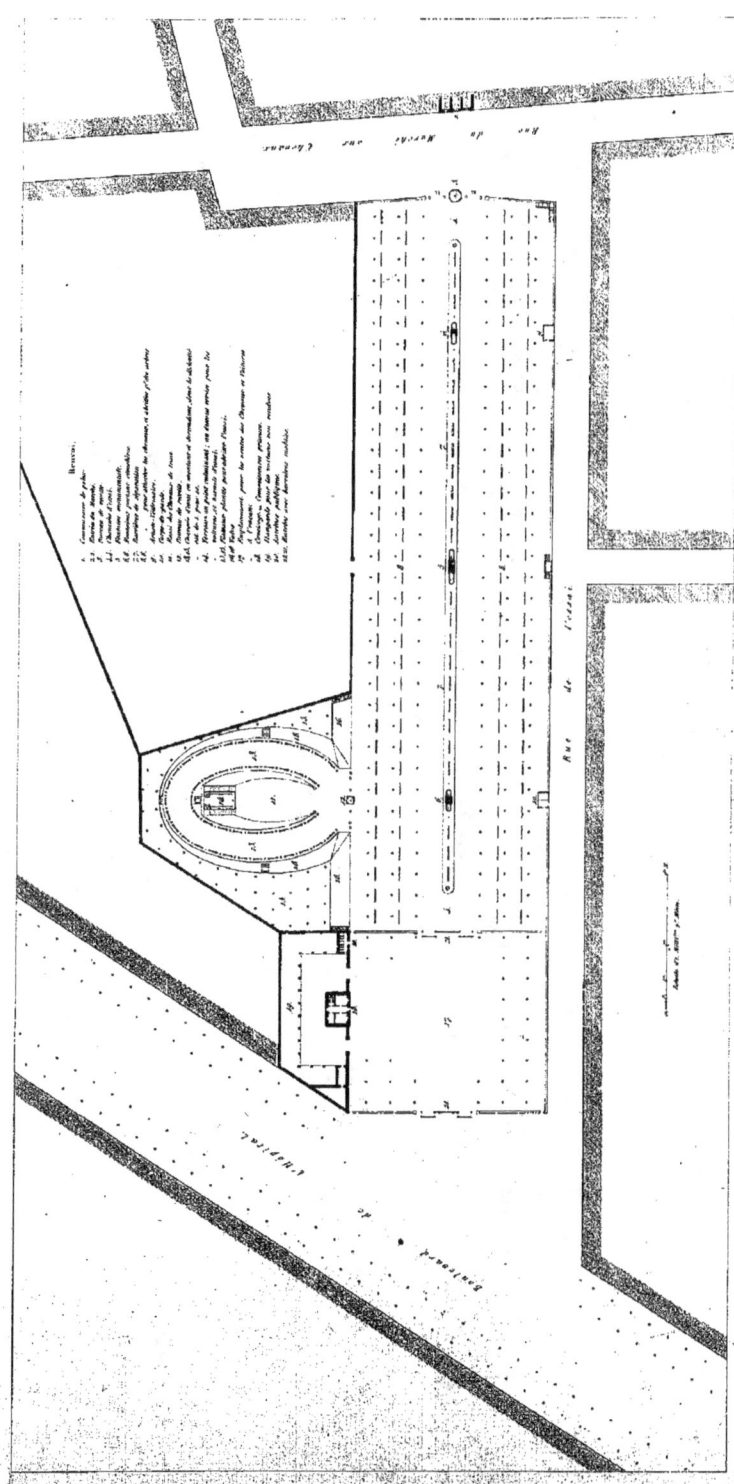

Marché aux Chevaux à Paris (Seine) Planche 1re

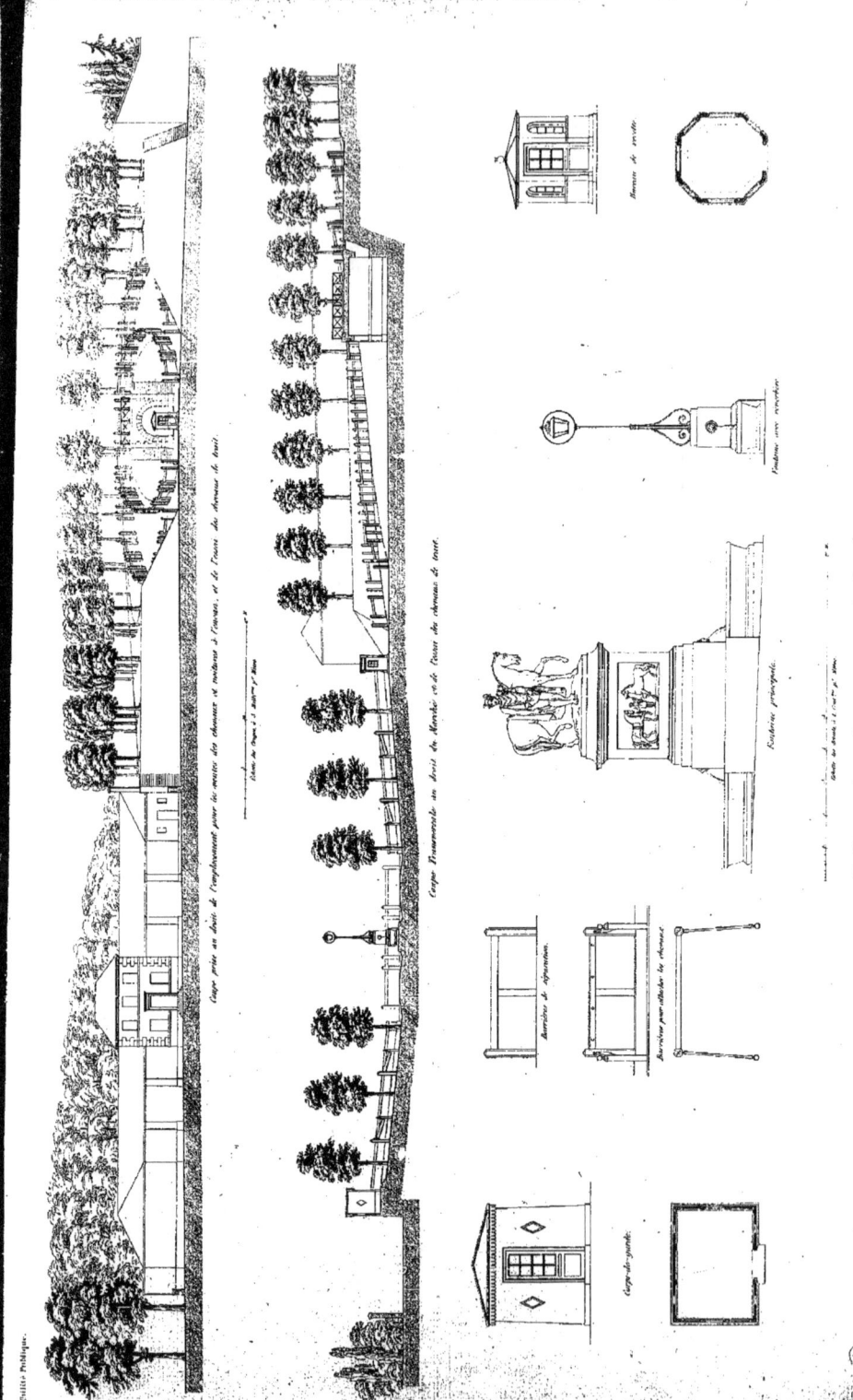

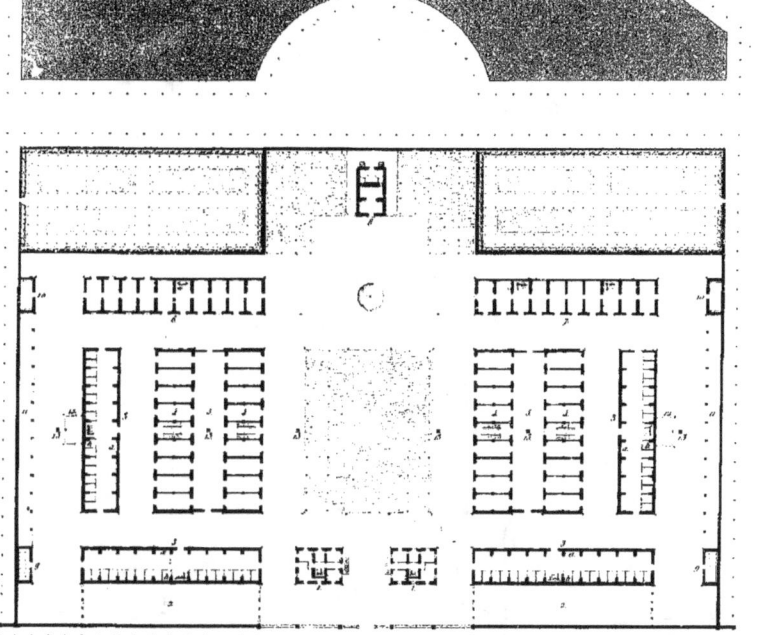

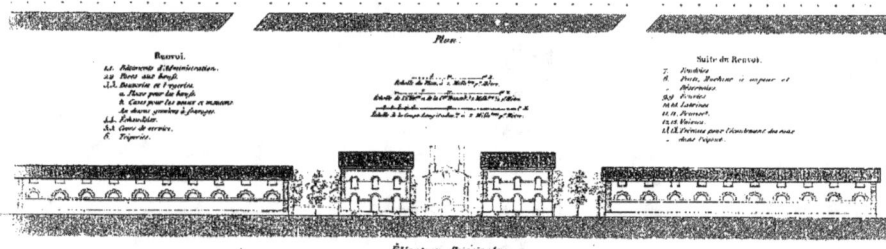

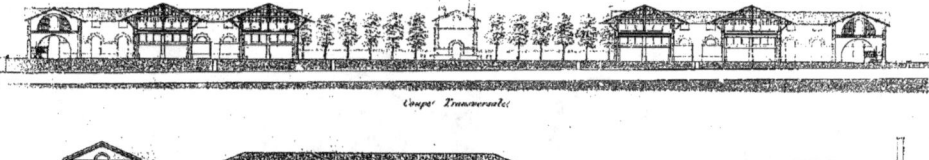

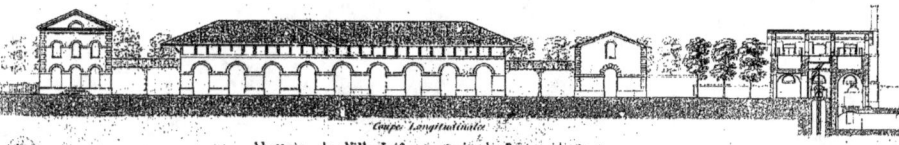

Abattoir de Villejuif, construit à Paris. (Seine.)

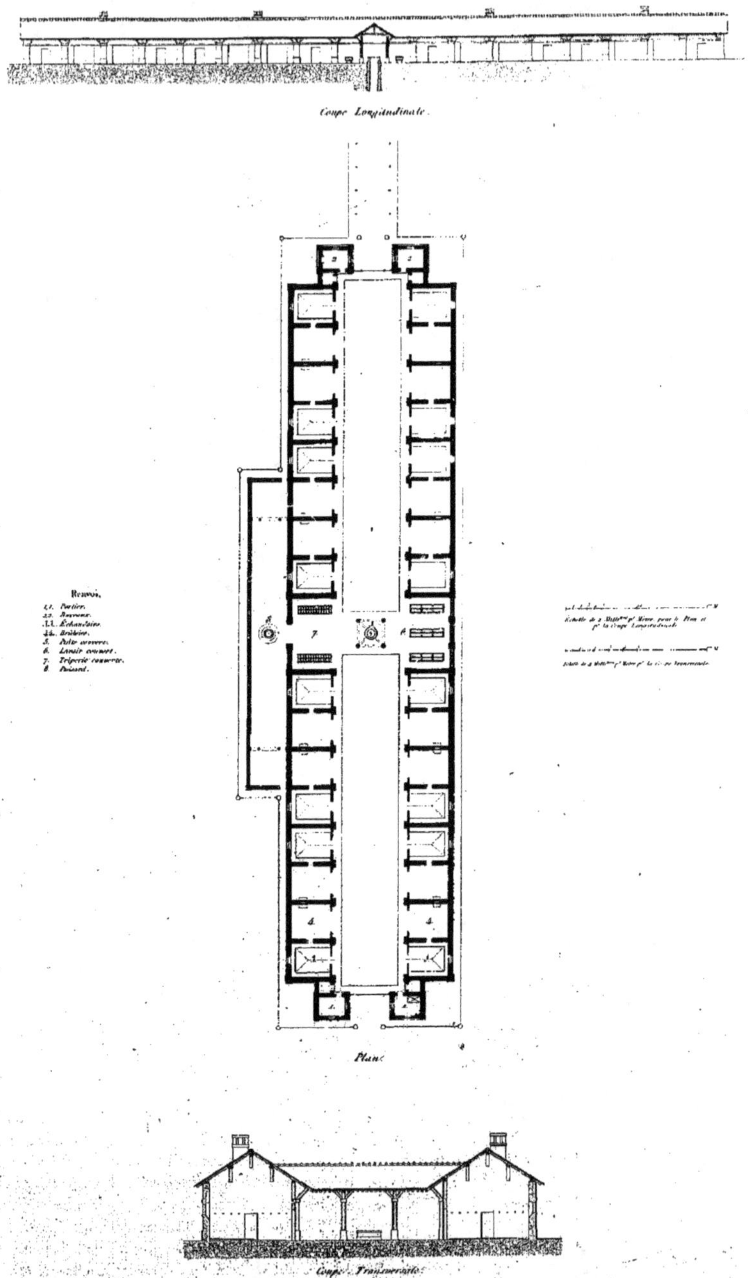

Coupe Longitudinale.

Renvois.
1.1. Porties.
2.2. Ruenes.
3.3. Echaudoire.
4.4. Brûloire.
5. Dalle couverte.
6. Lavoir couvert.
7. Triperie couverte.
8. Puisard.

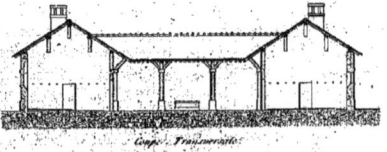

Plan.

Coupe Transversale.

Abattoir à porcs construit à Nanterre, près Paris. (Seine.)
(1818).

SEPTIÈME SECTION.

ÉDIFICES DE SURETÉ PUBLIQUE.

Les prisons de divers degrés formant la principale partie de cette section, nous croyons devoir consigner ici les détails qui suivent :

Il y a peu d'années encore, la presque totalité de ces établissemens était dans l'état le plus déplorable, tant sous le rapport de la salubrité que sous celui des mœurs et même de la sûreté.

De tout temps, néanmoins, la législation avait recommandé, mais presque toujours sans aucun résultat, les améliorations au moins les plus indispensables, et Louis XIV notamment, par une ordonnance de 1670, avait prescrit de rendre les prisons en même temps saines et sûres.

Par ses lois des 22 juillet et 6 octobre 1791, l'Assemblée Constituante a posé les principales bases du régime des prisons; ces bases ont été maintenues par tous les actes législatifs qui ont suivi, et principalement par nos codes. Il en résulte d'abord qu'on doit distinguer quatre sortes de prisons, savoir :

1° Les *Maisons d'arrêt* pour les prévenus, les débiteurs contraints par corps et les enfans en correction.

2° Les *Maisons de Justice*, réservées aux accusés et, provisoirement, aux condamnés à la réclusion ou à plus d'une année d'emprisonnement avant leur transfèrement dans les maisons indiquées ci-après, ainsi qu'aux condamnés aux travaux forcés en attendant qu'ils puissent être conduits dans les bagnes.

3° Les *Maisons de Correction*, affectées aux individus condamnés en police correctionnelle à moins d'un an d'emprisonnement et au-dessous. (*Ordonnance royale du 6 juin* 1830.)

4° Et enfin les *Maisons Centrales de détention*, formant, d'une part : maisons de force pour les individus condamnés à la réclusion et les femmes et filles condamnées à la peine des travaux forcés; et, de l'autre, maisons de correction pour les condamnés en police correctionnelle à plus d'un an d'emprisonnement. (*Ordonnances royales des 2 avril* 1817 *et 6 juin* 1830.)

Il faut en outre que, dans chacune de ces prisons, des quartiers et des préaux séparés soient assignés, d'abord à chaque classe particulière de détenus; ensuite, dans chaque classe, aux individus de chaque sexe; et enfin aux enfans, à part des individus d'un âge fait. De plus, les maisons de correction et de détention doivent être pourvues de moyens de travail, etc.

Des résultats importans furent obtenus sous l'empire par le commencement d'exécution de plusieurs maisons centrales de détention, ainsi que par l'établissement d'un certain nombre de maisons d'arrêt, de justice et correction.

Toutefois, cet état de choses laissait encore beaucoup à désirer lorsque, dans les premières années de la restauration, la formation spontanée d'une société pour l'amélioration des prisons attira de nouveau, sur cet important sujet, toute l'attention du gouvernement. Une ordonnance rendue le 9 avril 1819, sous le ministère de M. le duc de Cazes, régularisa les travaux de cette société, qui fut déclarée royale, et en assura le succès. Enfin, un rapport présenté au roi par le même ministre, le 21 décembre suivant, en rappelant avec plus de détails les faits et les principes que nous venons d'indiquer, précisa les dispositions à suivre pour l'amélioration des anciennes prisons ou pour la création des prisons à construire à neuf.

Depuis ce temps, des résultats immenses ont été obtenus; et l'on doit citer, au nombre des moyens d'amélioration, le sage parti qu'a pris l'administration centrale de ne consacrer, autant que possible, chacune des grandes maisons de détention ou de correction qu'à un seul sexe, au lieu de réunir les deux sexes dans la même maison, comme cela avait d'abord lieu généralement. C'est également le parti adopté pour les prisons de la capitale.

Mais de plus grandes améliorations se préparent encore : depuis long-temps, on avait reconnu que la formation des divers quartiers exigés par les lois (tout en éprouvant de grandes difficultés, principalement pour les prisons les moins considérables, et en occasionnant dans tous les cas de fortes dépenses) laissait encore subsister un grand nombre d'inconvéniens par suite du rapprochement presque continuel des détenus de la même classe. Pour y remédier, on avait proposé le système cellulaire, imité principalement des prisons américaines, et plusieurs essais en avaient été faits avec plus ou moins de succès. En 1830, MM. De Tocqueville et de Beaumont avaient reçu de monsieur le comte d'Argout, Ministre de l'intérieur, mission de se rendre aux États-Unis, pour se procurer sur ce système des notions qui ont été consignées, d'abord dans leurs rapports au Ministre, et ensuite dans un ouvrage intitulé : *Du Système pénitentiaire aux États-Unis, et de son application en France* (Paris, 1833). M. Charles Lucas, inspecteur-général des prisons départementales, a également exprimé ses vues à cet égard dans plusieurs ouvrages (*Du Système pénal et répressif. Du Système pénitentiaire en Europe et aux États-Unis. Théorie de l'Emprisonnement*).

Enfin, pour fixer définitivement les idées à cet égard, M. le comte de Gasparin, actuellement Ministre de l'intérieur, vient de décider qu'il serait fait un nouvel essai de ce système au moyen de la construction *ad hoc* d'un quartier dans la maison centrale de détention de Limoges ; et de plus il a chargé MM. *Demetz*, conseiller à la cour royale, et *Blouet*, architecte, de se rendre aux États-Unis, afin d'étudier les améliorations qui ont pu y être introduites dans le système des prisons depuis la visite de MM. de Beaumont et de Tocqueville.

En attendant avec confiance les résultats de mesures aussi sages, on ne saurait trop recommander, dans la disposition des nouvelles prisons, l'emploi du système cellulaire ; et, à cet effet, il n'est peut-être pas inutile de faire remarquer que si, au premier coup-d'œil, il paraît devoir, en raison de la multiplicité des divisions, exiger plus d'emplacement et de dépense, cet inconvénient disparait en grande partie par la considération suivante : dans le système ordinaire, il est indispensable de donner à chaque division de la prison l'étendue qu'exige le maximum de population dont cette division même est susceptible ; tandis que dans le cas de l'emploi du système cellulaire, il peut suffire que le nombre total des cellules réponde au maximum présumable de la population totale de la prison.

Nous ne plaçons dans ce volume que des prisons disposées suivant l'ancienne division en quartiers sans usage du système cellulaire, à l'exception, toutefois, d'une partie de la maison de correction de Lyon à laquelle il a été appliqué. (Voir planche 165.)

Nous aurons occasion de faire connaître plus complétement ce système en plaçant, dans les volumes suivans, diverses prisons où il se trouvera employé d'une manière plus notable.

Au nombre des édifices de ce genre que nous aurons à faire connaître plus tard, nous devons mentionner particulièrement, en raison de leur importance, les prisons de la capitale ci-après indiquées : 1° les deux maisons qui ont été construites en face l'une de l'autre rue de la Roquette ; la première, par M. Hippolyte Lebas, pour les *jeunes détenus* ; la seconde, par M. Gau, pour les *hommes condamnés* ; 2° et la nouvelle *Maison d'Arrêt*, dont les projets s'étudient en ce moment, et devront présenter une application raisonnée du système cellulaire.

Nous offrons ci-après un exemple de la réunion, dans un même édifice, des maisons d'arrêt, de justice et de correction ; ce qui, sans avoir rien de contraire aux lois, lorsque chacune de ces parties est convenablement séparée, peut offrir des résultats avantageux sous le rapport du service et de l'économie.

CASERNE DE GENDARMERIE,

À PARIS, rue Mouffetard (SEINE) ;

Commencée par M. ROHAULT père, alors architecte de la gendarmerie royale de Paris, maintenant vice-président du conseil des bâtimens civils ;

Et terminée par M. CHARLES, son successeur comme architecte de la gendarmerie.

1824 à 1830.

2 planches numérotées 74 et 75.

Des diverses casernes de gendarmerie qui existent à Paris, celle-ci est la seule qui ait été construite à neuf. Quelques restes d'anciennes constructions y ont même été utilisés.

Elle sert au casernement d'une partie de la garde municipale de Paris : cette partie comprend douze officiers, vingt-quatre sous-officiers en ménage, et trois cent vingt-deux gardes ; plus, cent douze chevaux.

La dépense s'est élevée à environ 946,000 fr.

CORPS-DE-GARDE DE POMPIERS,

À PARIS, rue Mouffetard (SEINE) ;

Par M. ALPHONSE DE GISORS, architecte.

1828.

ET CORPS-DE-GARDE AVEC BUREAU D'OCTROI,

À SAINT-ÉTIENNE (LOIRE) ;

Par M. DALGABIO, architecte de la ville.

1816.

1 planche numérotée 61.

La dépense occasionnée par la construction du premier de ces deux petits édifices s'est élevée à la somme de 20,000 fr.

MAISON D'ARRÊT,

À CHERBOURG (MANCHE) ;

Par M. MOUTIER, maintenant architecte du département de la Vienne.

1821.

2 planches numérotées 23 et 24.

La construction de cette maison a coûté environ 150,000 fr.

MAISON D'ARRÊT,

À LORIENT (MORBIHAN) ;

Par M. LUSSAULT, architecte de la ville.

1824.

2 planches numérotées 65 et 66.

La forme du terrain et son exiguité n'ont pas permis de séparer les différens quartiers de cette prison autant que cela pourrait être désirable, non plus que d'affecter à chacun d'eux un préau distinct, ni d'établir dans tout le pourtour un chemin de ronde découvert ; mais il nous a paru utile de donner un exemple, en même temps, des nécessités qu'entraînent souvent des circonstances locales, et des soins qu'on doit apporter à en diminuer autant que possible les inconvéniens.

La construction des murs a été exécutée en matériaux granitiques du pays, savoir : les socles, chaînes d'angle, pieds-droits, linteaux, appuis et corniches, en pierre de taille ; et le surplus en moellons.

Elle a coûté 157,000 fr.

MAISON DE CORRECTION,

A LYON (RHÔNE);

Par M. BALTARD père, architecte, professeur à l'École royale d'architecture.

1830.

2 planches numérotées 165 et 166.

Cette maison offre, dans quelques-unes de ses parties, un exemple de l'emploi des cellules ou confinemens solitaires.

Elle peut contenir deux cents à deux cent cinquante individus, la plupart occupés dans les ateliers.

MAISON DE POLICE, D'ARRÊT, DE JUSTICE ET DE CORRECTION,

A SAINTES (CHARENTE-INFÉRIEURE);

Par M. BROSSARD, architecte du département.

1831 à 1832.

2 planches numérotées 145 et 146.

La dépense des constructions s'est élevée à 160,000 fr.

MAISON CENTRALE DE DÉTENTION POUR HOMMES,

A MELUN (SEINE-ET-MARNE);

Commencée par feu M. SOLENTE, architecte du département,

Et continuée par son successeur, M. DUPONT.

1812 à 1836.

2 planches numérotées 163 et 164.

Cette maison occupe la pointe d'une île qui fait partie de la ville de Melun.

L'existence en cet endroit d'une ancienne église, à la conservation de laquelle on a tenu avec raison, a occasionné l'établissement d'une double entrée, ce qui n'est pas sans quelque inconvénient. Une des portes sert à l'administration et au service général de la prison, et l'autre pour la cuisine, la boulangerie et d'autres dépendances.

Cette maison peut contenir mille cinquante détenus; et, à l'exception des malades, des infirmes et des détenus en punition, tous (c'est-à-dire plus de neuf cents) sont occupés à des travaux de tisseranderie, d'ébénisterie, de passementerie, de bonneterie, de quincaillerie, de plaqué, etc.

Quelques parties de cette maison restent encore à terminer. La totalité des dépenses s'est élevée jusqu'ici à près de 2,000,000 de fr.

Établ.t de Sûreté Publique

Élévation Principale.

Renvoi

1. Vestibule.
2. Corps de Garde.
3. Violon.
4. Logement du Concierge avec l'entresol.
5. Entrées des chevaux d'Officiers et de sous-officiers.
6. Sellerie.
7. Cuisine pour l'ordinaire du Gendarmes.
8. Réservoir.
9. Cantine.
10. Cuisine de la Cantine. — Au dessus logement du Cantinier.
11. Salle de police.
12. Magasin à harnais.
13. Ecurie pour les chevaux de Gendarmes.
14. Sellerie.
15. Chevaux malades.
16. Chevaux blessés.
17. Chevaux douteux.
18. Passages.
19. Cour de l'Infirmerie.
20. Latrines pour les habitants.
21. Cour des fumiers.
22. Buanderie.
23. Latrines pour les fermes.
24. Cour de la Buanderie.
25. Forge du maréchal.
26. Ferblanterie.
27. Manège ou Cour pour la chaudière.
28. Auges.
29. Pavillon des Officiers.
30. Jardin pour le Capitaine.
31. Remise pour le Wurst ou voiture de nuit.
32. Portier.

Nota. Les étages des Bâtiments la ettres plus soin, et marquées a.b.c.d.e.f.g. imiteront.

Plan Général et Plan Rétabli du Rez-de-Chaussée

Caserne de Gendarmerie exécutée à Paris, (Seine) Rue Mouffetard, Fbg.
(1827)

Edif.ce de Sûreté Publique.

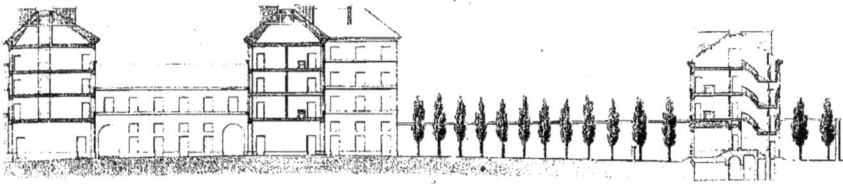

Coupe Générale.

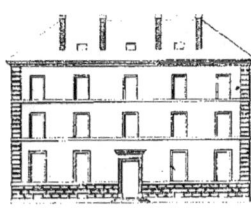

Élévation du Pavillon d'Officiers.

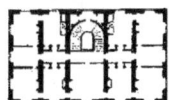

Plan du 1.er Étage du Pavillon d'Officiers.

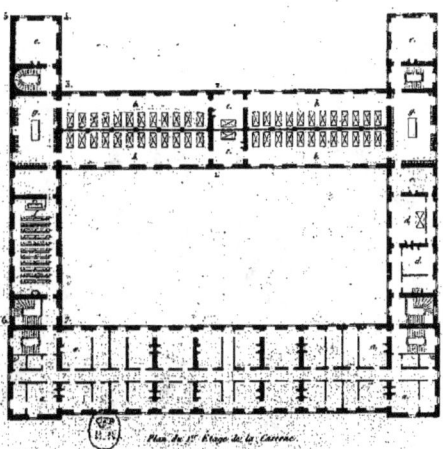

Plan du 1.er Étage de la Caserne.

Caserne de Gendarmerie exécutée à Paris (Seine) Rue Mouffetard. Pl.che 2.de
(1807)

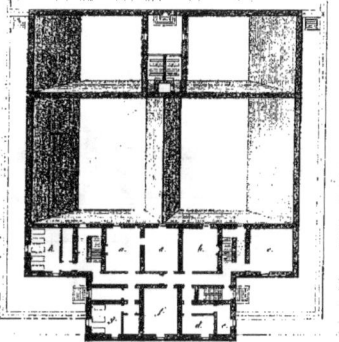

Plan de l'Étage supérieur.

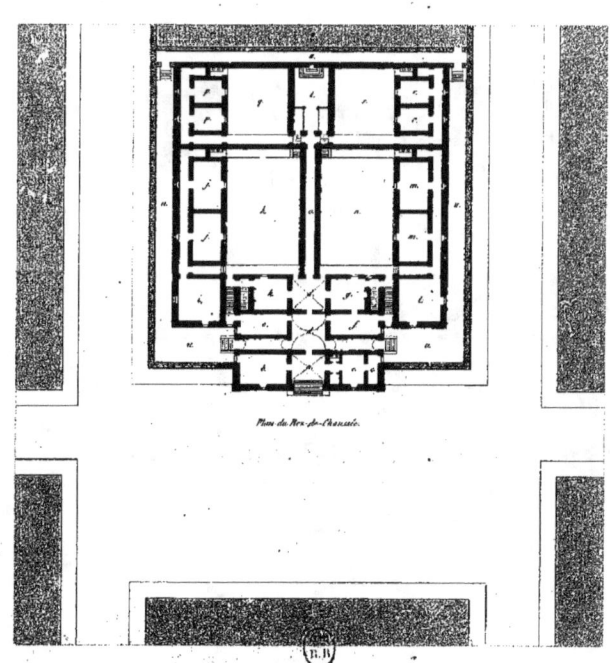

Plan du Rez-de-Chaussée.

Maison d'Arrêt exécutée à Cherbourg. (Manche.)
1821.

Établissement de Santé Publique

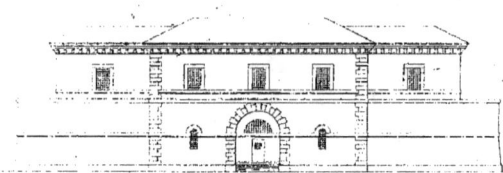

Élévation Principale.

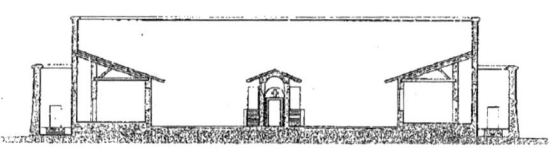

Coupe Transversale.

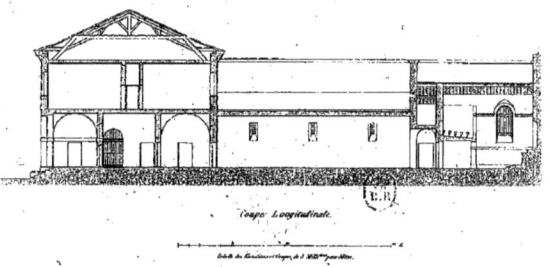

Coupe Longitudinale.

Maison d'Arrêt exécutée à Cherbourg (Manche) Pl.re 2.de
1834

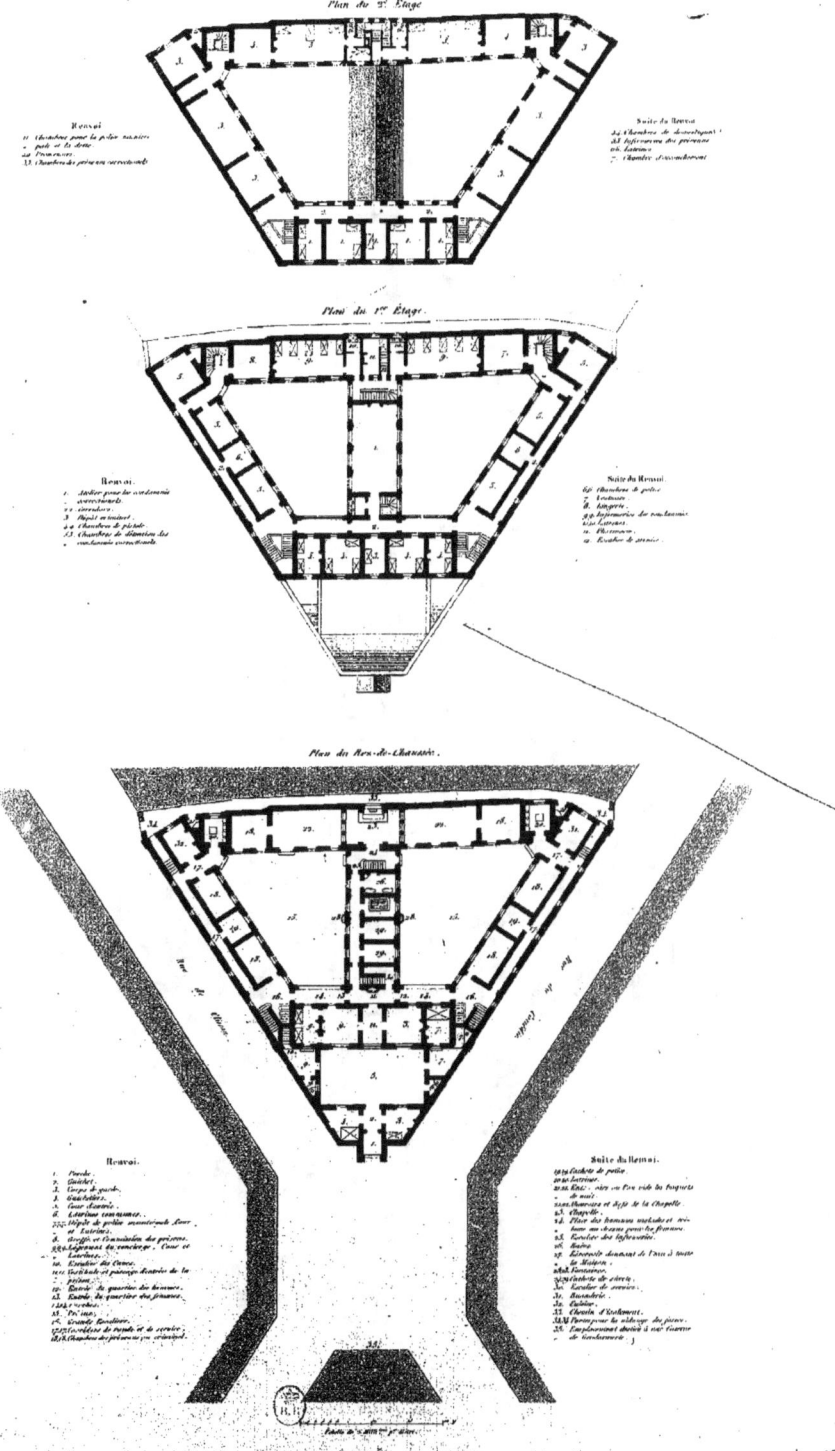

Édif.ce de Sûreté Publique

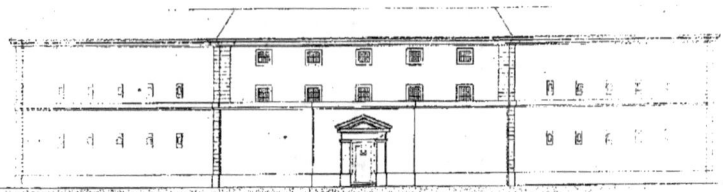

Élévation Principale.

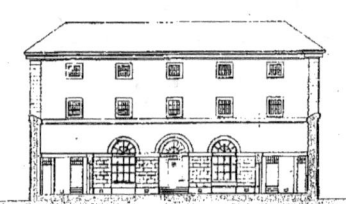

Élévation au fond de la Cour d'entrée.

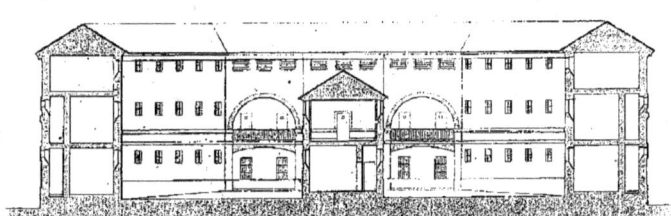

Coupe Transversale.

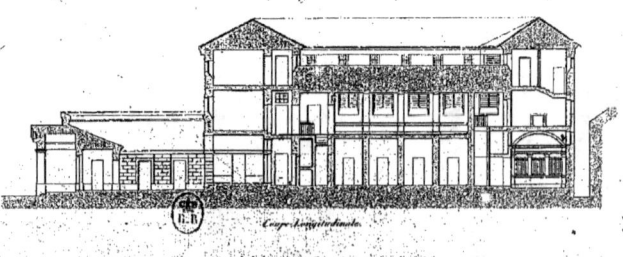

Coupe Longitudinale.

Maison d'Arrêt exécutée à Lorient (Morbihan) P.r M. g.ur
(1844)

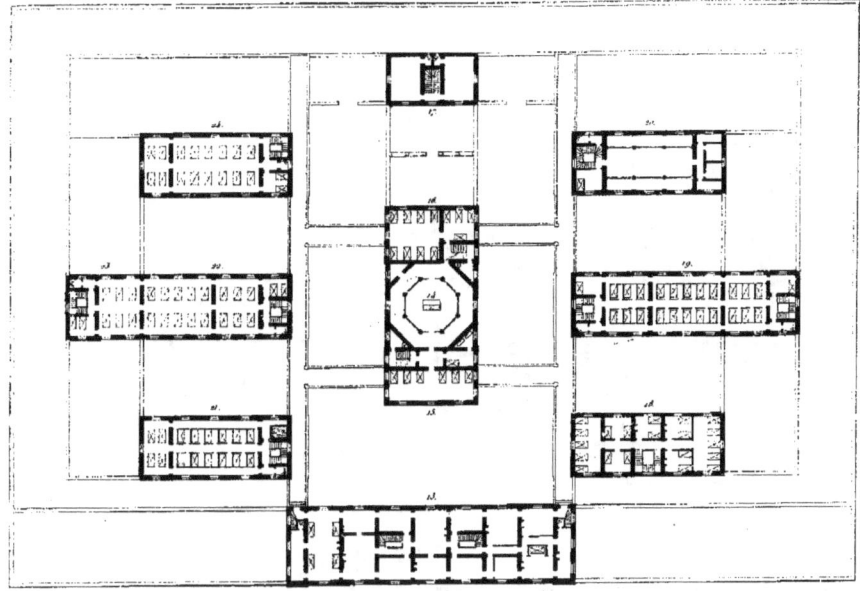

Maison de Correction à Lyon (Rhône) (1832)

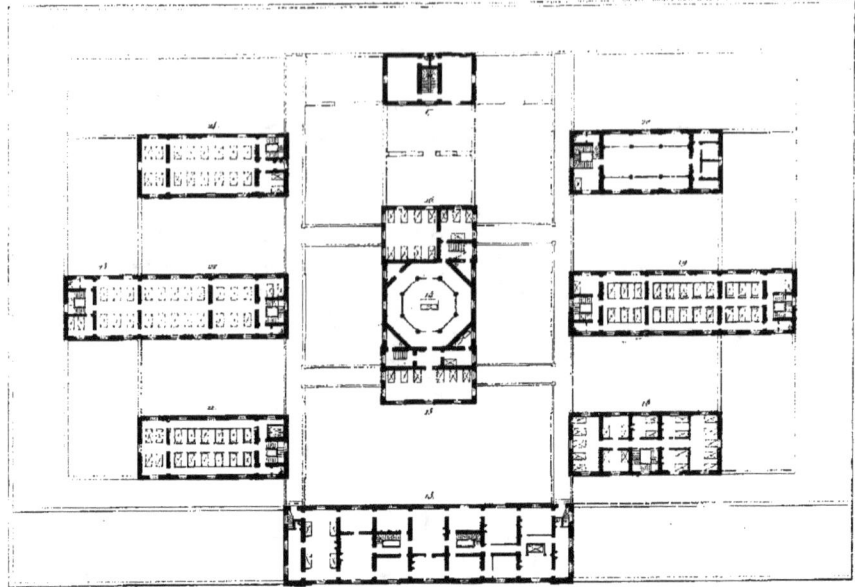

Maison de Correction à Lyon. (Rhône.) Pl.che 1.re
(1830.)

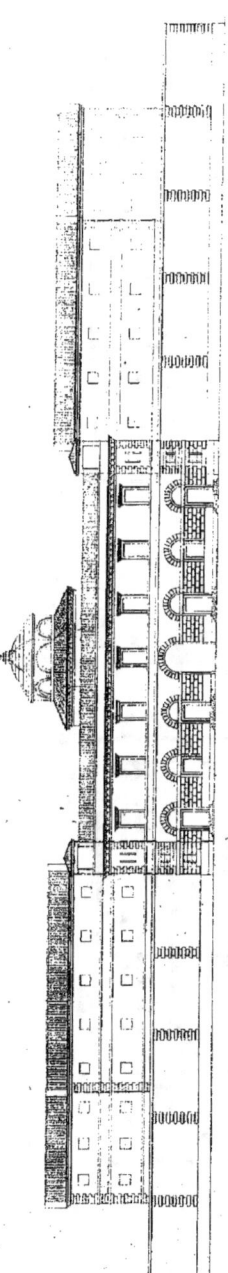
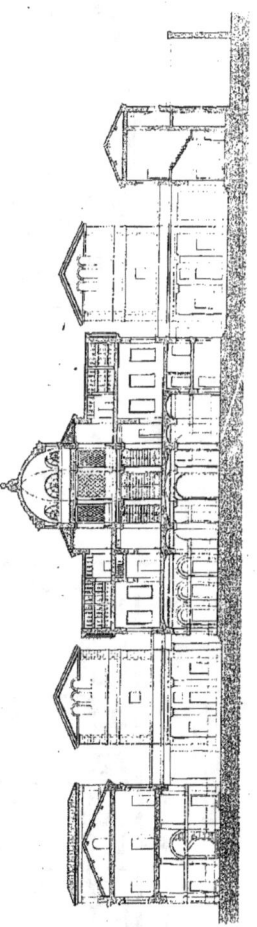

Maison de Correction à Lyon, (Rhône) Pl. 1. 2.me

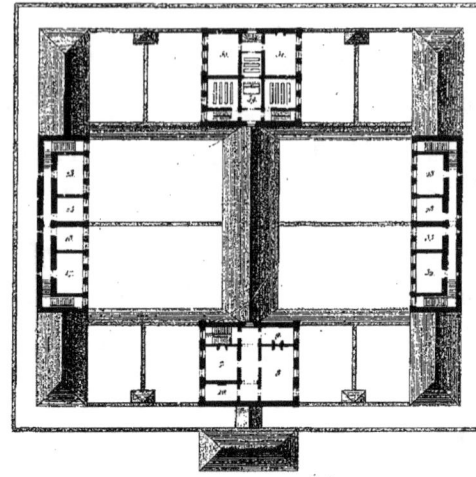

Plan du 1er Étage.

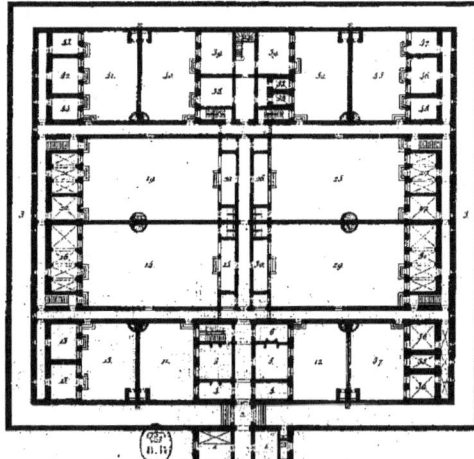

Plan du Rez-de-Chaussée.

Maison de Police Municipale, d'Arrêt, de Justice et de Correction, à Saintes. (Charente-Inférieure) Pl.che 1re
(1830.)

Édifice de Sureté publique.

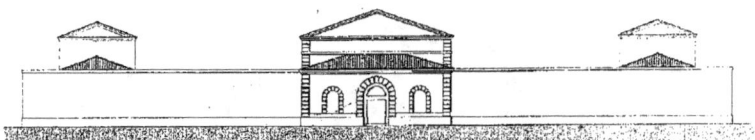

Élévation Principale.

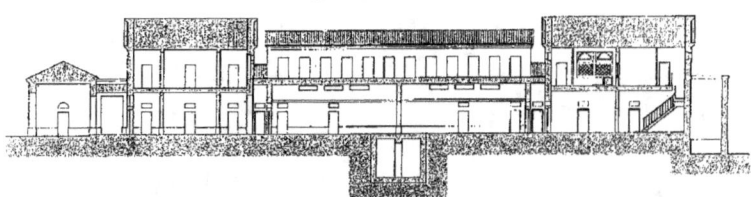

Coupe Longitudinale.

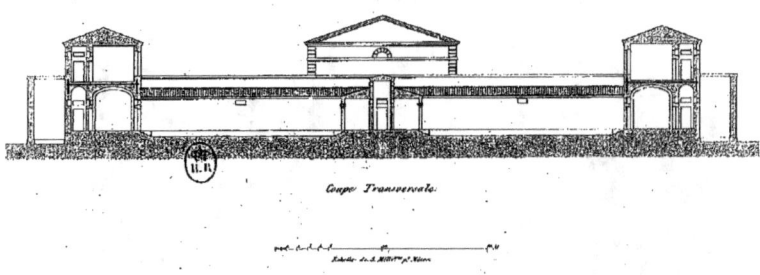

Coupe Transversale.

Maison de Police Municipale, d'Arrêt, de Justice et de Correction à Saintes. (Charente-Inférieure.) Pl.bry.me
(1830)

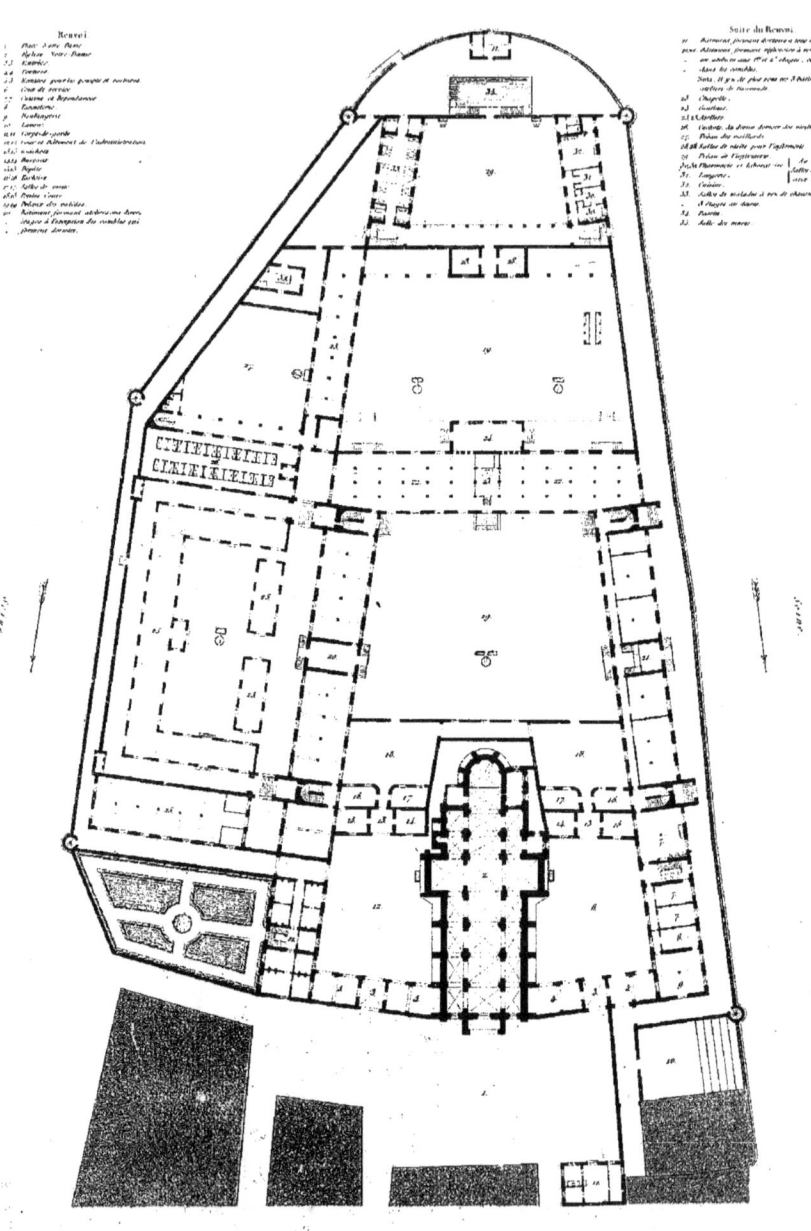

Maison Centrale de Détention pour hommes à Melun (Seine-et-Marne)

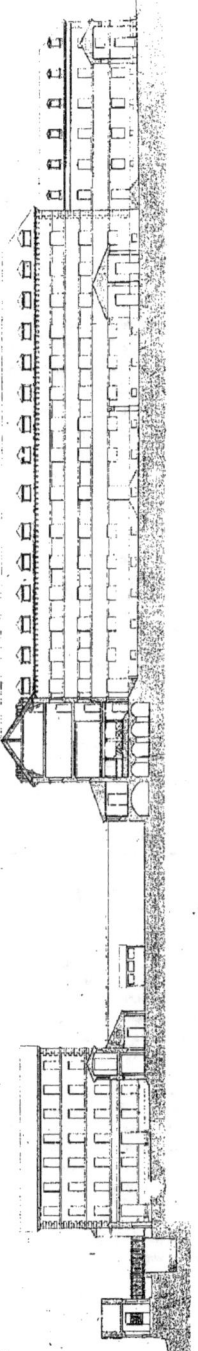

Maison Centrale de Détention pour hommes à Melun (Seine-et-Marne)

HUITIÈME SECTION.

MONUMENS PUBLICS.

Nous plaçons en tête de cette section la *Colonne élevée en l'honneur de la Grande-Armée*, à Paris; celle de Boulogne sera classée dans le volume suivant.

Bien que l'*Arc de Triomphe de l'Étoile*, à Paris, soit entièrement terminé, nous n'avons pu encore le faire graver par la raison que, jusqu'ici, il n'a pas été pris de détermination sur la question de savoir s'il sera couronné par un quadrige ou par une autre composition : nous donnons ici celui qui a récemment été élevé à Marseille.

Le *Palais* de S. A. R. le duc d'Orléans (connu sous le nom de *Palais-Royal*) formant, par son jardin, ses portiques et ses autres dépendances, un des principaux centres de réunion publique de la capitale, nous avons cru devoir le comprendre également dans cette section.

COLONNE DE LA GRANDE-ARMÉE,

SUR LA PLACE VENDÔME, A PARIS (SEINE);

Par MM. LEPÈRE et feu GONDOIN.

1806 à 1810.

2 planches numérotées 155 et 156.

On sait que la place Vendôme date du temps de Louis XIV, et que son plan et la décoration des bâtimens qui l'entourent sont de Jules-Hardouin Mansard. Au centre de cette place avait été élevée une statue de Louis XIV, par Girardon, fondue en bronze par les frères Keller, et qui fut renversée en 1793.

C'est après la campagne de 1805 que l'Empereur, sur la proposition de M. Denon, directeur-général des musées, ordonna l'érection en cet endroit de la colonne de la Grande-Armée; elle fut entièrement exécutée en quatre années.

L'ancienne fondation, établie, dit-on, à trente pieds de profondeur et sur pilotis, a servi à asseoir le nouveau monument. Les gradins qui en forment le socle, exécutés d'abord en marbre blanc, viennent d'être renouvelés en granit de Corse. La totalité du piédestal, de la colonne et de son couronnement est construite par assises de pierre de taille, dans lesquelles sont réservés les degrés de l'escalier intérieur. L'extérieur est entièrement revêtu en bronze, provenant des canons pris sur les armées ennemies. Ce revêtement est composé de près de 400 pièces, toutes indépendantes l'une de l'autre, et agrafées aux assises en pierre, ainsi que nous l'indiquons au droit de la coupe, planche 156. Au moyen de ces ajustemens, les mouvemens de dilatation et de condensation sont presque entièrement annulés, et s'opèrent sans aucun inconvénient.

Au pourtour du fût de la colonne règne une suite de quatre-vingts bas-reliefs représentant les principaux événemens de la campagne de 1805, depuis la levée du camp de Boulogne jusqu'à la paix de Presbourg.

La statue que nous avons indiquée sur le couronnement de la colonne est celle qui, exécutée aussi en bronze d'après le modèle de feu M. Chaudet, membre de l'Institut, y avait été placée en premier lieu. On sait qu'elle fut retirée en 1814, et brisée plus tard pour servir à la fonte de la statue d'Henri IV, rétablie sur le terre-plein du pont Neuf.

Le poids total de ces bronzes (indiqué par M. Ambroise Tardieu, page 13 du texte qui accompagne l'ouvrage qu'il a publié sur cette colonne, à 560,000 livres; par Dulaure, dans son *Histoire de Paris*, à 1,800,000 livres; et enfin par l'article *Bronze* du *Dictionnaire technologique*, à 900,000 kilogrammes) est, d'après les renseignemens circonstanciés qui nous sont fournis par M. Lepère, de 513,920 livres, équivalent à 251,367 kilogrammes.

Nous devons également à l'obligeance de M. Lepère les détails qui suivent sur les dépenses qu'a occasionnées ce beau monument.

La fonte (dont les trois quarts à peu près ont été opérés par M. Launay, et le surplus par M. Gonon) a coûté. 164,837 fr.
Frais de pesées. 450
Ciselure, par feu M. Raymond. 267,219
Frais de modèles, savoir:
A M. Chaudet, pour la statue. . . 15,000 fr.
A trente-trois autres statuaires, pour les bas-reliefs. . . . . . . 199,000 } 253,115
Et à M. Gelée, pour la sculpture d'ornemens. 39,115
Dessins de composition générale des bas-reliefs, par M. Bergeret. 11,400

Total pour les travaux d'art. . . . . 695,021 fr.
Travaux de construction :
Maçonnerie. . . . . 345,367 fr.
Charpente (échafauds, hangars, bureaux). 105,567
Serrurerie (échafaud, grille, etc.). 44,145
Plomberie (scellemens de la grille, etc.). . . . . 4,065 } 601,979
Menuiserie (châssis pour la fonte, etc.). 57,784
Marbrerie. 54,150
Travaux divers, environ. 11,101
Honoraires des architectes. 50,000

En tout. . . . . 1,347,000 fr.
Si, à cette somme, on ajoute la valeur effective du bronze, à raison de 2 fr. 50 c. pour chacun des 251,367 kilogrammes ci-dessus indiqués, ou. 628,417

On aura une dépense totale de. . . . . . . 1,975,417 fr.

La statue rétablie en 1831, et représentant Napoléon dans son costume historique, a été confiée à M. Émile Seurre, à la suite d'un concours. Elle a occasionné une dépense totale de 60,000 fr., compris fournitures de bronze, frais de pose, etc.

Le nouveau soubassement en granit de Corse, exécuté en 1855, a coûté 76,000 fr.

STATUE DE LOUIS XIV,

SUR LA PLACE DES VICTOIRES, A PARIS (SEINE);

Par M. **BOSIO**, statuaire, membre de l'Institut ;

Le piédestal par M. **ALAVOINE**, architecte.

1816 à 1822.

1 planche numérotée 30.

Le monument en remplacement duquel cette statue a été relevée se composait d'un groupe en plomb doré, représentant Louis XIV couronné par la Victoire, et était l'ouvrage de Bogaer, connu sous le nom de Desjardins. Il était élevé sur un piédestal en marbre blanc, aux quatre angles duquel étaient primitivement des statues en bronze représentant des nations enchaînées. Elles avaient été supprimées en 1790, et ont été placées depuis sur la façade de l'hôtel des Invalides.

Détruit en 1793, ce monument avait été remplacé d'abord par une pyramide en bois, et ensuite par une statue de Desaix, aussi en bronze, qui fut supprimée en 1815.

La nouvelle statue devait être primitivement exécutée en marbre; elle l'a été en bronze, ainsi que les deux bas-reliefs dans les grandes faces du piédestal; le tout a été fondu par M. Crozatier. Le piédestal est en marbre blanc.

L'ensemble de ce monument a occasionné une dépense totale d'environ 535,000 fr.

Pour travaux de construction (1) . . . . 300,000 fr.
Pour le modèle de la statue et surveillance de la fonte. 50,000
Pour fourniture du bronze et travaux de fonte, réparations. 125,000
Et pour composition et fonte des deux bas-reliefs. 60,000

(1) L'importance des fondations a été motivée sur ce qu'on a trouvé les pilotis de l'ancienne fondation détériorés, et que le sol a paru offrir peu de solidité, en raison d'un ancien fossé de ville qui avait existé en cet endroit.

ARC DE TRIOMPHE,

A MARSEILLE (BOUCHES-DU-RHÔNE);

Par feu M. **PENCHAUD**, architecte, directeur des travaux publics du département.

1823 à 1832.

2 planches numérotées 199 et 200.

Un plan général indique l'emplacement occupé par ce monument, dans la vaste avenue formée par l'ensemble de la place Pentagone; des chemin, place et rue d'Aix; du Grand cours; des rue, place et chemin de Rome, et enfin de la place Castellanne.

Ce monument, qui avait été commencé à l'occasion de l'expédition qui a eu lieu en Espagne en 1823, a été décoré par MM. David et Ramey, membres de l'Institut, de statues représentant des vertus publiques, et de trophées et bas-reliefs relatifs aux diverses campagnes de la République et de l'Empire.

La face représentée sur la planche 199 est celle dont les sculptures sont dues à M. David; mais il faut observer que, dans l'exécution, le bas-relief du *Combat de Navarin* a été remplacé par un autre représentant la *bataille de Fleurus*. M. David a également exécuté, sous l'arcade même, un grand bas-relief représentant la *Patrie appelant ses enfans à son secours*.

C'est M. Ramey qui a exécuté le bas-relief correspondant, indiqué dans la coupe sur la planche 200, et représentant *les récompenses décernées aux braves lors de leur retour après la victoire*.

Les quatre statues également exécutées par cet artiste, sur la face opposée à celle que nous donnons, représentent la *Tempérance*, la *Clémence*, la *Force* et la *Vigilance*; et les deux bas-reliefs, les *Batailles de Marengo et d'Austerlitz*.

La dépense totale pour l'exécution de ce monument s'est élevée à environ 400,000 fr., dont à peu près moitié a été consacrée aux travaux de sculpture tant statuaire que d'ornement.

Le quadrige qui est indiqué sur l'arc n'est pas encore exécuté.

PALAIS DE S. A. R. LE DUC D'ORLÉANS,

DIT **PALAIS-ROYAL**,

A PARIS (SEINE);

Achevé et complété par M. **FONTAINE**, architecte du Roi, membre de l'Institut.

1814 à 1835.

3 planches numérotées 207, 208 et 209.

Commencé dès le XVIIe siècle et en grande partie achevé avant le commencement de celui-ci, cet édifice était, par sa conception première, hors de notre cadre; mais l'importante restauration qui vient d'en être achevée appartient tout entière au XIXe siècle, et nous avons cru devoir, en conséquence, le comprendre dans cet ouvrage.

M. Fontaine a fait graver une collection intéressante des différens projets qui ont été successivement conçus pour le Palais-Royal (en 1679, 1748, 1780, 1781, 1784 et enfin 1829), ainsi que d'un grand nombre de vues perspectives extérieures ou intérieures, suivant ces divers projets. C'est en quelque sorte un résumé de cette collection que nous avons eu l'intention de présenter ici ; nous allons donner également un extrait succinct de la notice non moins intéressante qui l'accompagne.

Richelieu fit commencer en 1629 le *Palais-Cardinal*, pour sa propre habitation, sur un plan incohérent et qui n'en excita pas moins les louanges les plus exagérées. A sa mort (en 1641), il en fit don à Louis XIII, qui mourut lui-même six mois après; ce fut dès-lors le *Palais-Royal*. Il fut successivement habité par la reine-régente et ensuite par la reine d'Angleterre, veuve de Charles Ier.

Dès 1661, il fut habité par Philippe d'Orléans, frère de Louis XIV, qui y fit faire alors des augmentations et des embellissemens, et en reçut la donation par lettres patentes de 1692.

La salle d'Opéra, qui occupait l'aile droite, ayant été incendiée en 1763, Louis-Philippe, duc d'Orléans, en exigea la reconstruction aux frais de la ville, qui la confia à son architecte Moreau, ainsi que celle de la façade sur la rue Saint-Honoré. Le prince fit reconstruire lui-même alors, par son propre architecte Contant, les parties du corps principal de l'édifice qui avaient également été endommagées, et particulièrement les grands vestibules, le grand escalier et une partie des appartemens. Le peu d'accord qui régnait entre les deux architectes produisit un grand nombre d'incohérences et de disparates.

En 1781, Louis-Philippe-Joseph, auquel le palais avait été récemment cédé par son père, après avoir consulté les architectes les plus habiles sur les nombreuses améliorations qu'il avait en vue, venait de donner la préférence au projet de l'architecte Louis (déjà célèbre par la construction du théâtre de Bordeaux), lorsqu'un nouvel incendie de l'Opéra vint rendre la réalisation de ce projet urgente, et d'autant plus facile que l'Opéra fut alors transporté à la porte Saint-Martin. En 1784, ce projet reçut diverses modifications et notamment l'addition d'une nouvelle salle (aujourd'hui le Théâtre Français), dans l'espoir, mal fondé, d'y ramener l'Opéra.

Malgré les plaintes élevées au sujet des bâtimens dont le projet de Louis entourait le jardin, ces bâtimens furent d'abord élevés; mais ceux du palais même étaient à peine commencés lorsque, en 1792, les nombreux créanciers du prince obtinrent de lui un concordat par lequel il leur abandonnait tous les biens dont il pouvait disposer. La cour de Fontaines, qui dépendait alors du palais, les maisons qui en faisaient également partie, et enfin le Théâtre-Français, furent aliénés à très bas prix.

En 1801, sous le Consulat, ce palais devint celui du Tribunat, pour lequel fut établie, par l'architecte Beaumont, une salle qui, plus tard et jusqu'en 1827, époque de sa démolition, a servi de chapelle.

Après la dissolution du Tribunat, en 1807, ce palais, réuni au domaine extraordinaire de la couronne, fut envahi pour une foule d'habitations particulières obtenues à force d'obsessions. Un grand nombre de projets furent dressés depuis sans aucun résultat, soit pour l'utiliser à divers services publics, soit même pour le réunir au Louvre et aux Tuileries. Il fut aussi proposé à cette époque de l'aliéner.

Enfin, en 1814, le duc d'Orléans en reprit possession; et, après l'avoir fait déblayer, il s'était établi avec sa famille dans l'aile droite, convenablement restaurée, lorsqu'il dut s'éloigner encore en 1815, époque à laquelle le palais fut momentanément occupé par Lucien Bonaparte, qui respecta soigneusement ce que le prince avait fait réparer.

A son retour, le prince arrêta un projet définitif d'achèvement, et il n'a cessé, pendant dix-huit années, d'en poursuivre l'exécution. A cet effet, près de 5,000,000 de fr. ont été consacrés au rachat d'un grand nombre de maisons, indépendamment de plus d'un million payé, par suite de transaction, pour rentrer dans la propriété du Théâtre Français, qui a été restauré comme tout le surplus de l'édifice. Les dépenses en travaux se sont élevées à 11,000,000 de fr.

Les principaux changemens apportés au projet de l'architecte Louis sont la substitution d'une terrasse aux grands appartemens qu'il voulait établir au-dessus des galeries marchandes sur le devant du jardin, et la création de la cour de Nemours et de la belle galerie historique qui règne en cet endroit au premier étage.

THÉÂTRE DE L'ACADÉMIE ROYALE DE MUSIQUE,

A PARIS (SEINE);

Par M. DEBRET, architecte, membre de l'Institut.

1820 à 1821.

3 planches numérotées 124, 125 et 126.

Le duc de Berry ayant été assassiné, le 15 février 1820, en sortant du théâtre de l'Académie royale de Musique, qui était alors situé rue Richelieu en face de la Bibliothèque royale, la démolition immédiate de cette salle fut ordonnée. En faisant cesser un voisinage dangereux pour le dépôt de nos richesses littéraires, cette démolition procura en cet endroit une place au centre de laquelle on élève en ce moment une fontaine entourée de plantations; nous aurons occasion de faire connaître ces travaux plus tard.

La nécessité de pourvoir aussi promptement que possible à la réouverture de ce théâtre décida à n'en faire qu'une construction provisoire. C'est ce qui fit adopter un emplacement qui ne présente pas un isolement aussi complet qu'il serait désirable, et un mode de construction qui ne satisfait pas aux conditions d'incombustibilité maintenant exigées pour les théâtres. Au reste, les précautions les mieux entendues remédient autant qu'il est possible à ces inconvéniens.

Exécutées en moins d'une année, les constructions ont coûté environ 2,376,000 fr., y compris les travaux d'appropriation qu'il a fallu faire dans l'ancien hôtel Choiseul, qui sert aux dépendances de l'établissement, et dont les jardins occupaient l'emplacement actuel de la salle et du théâtre.

Cette salle contient près de 2,000 spectateurs.

THÉÂTRE DE L'AMBIGU-COMIQUE,

A PARIS (SEINE);

Par MM. HITTORF et LECOINTE, architectes.

1827 à 1828.

4 planches numérotées 141, 142, 143 et 144.

Le théâtre de l'Ambigu-Comique, qui était primitivement placé sur le boulevard du Temple, ayant été incendié, et l'emplacement qu'il y occupait ne permettant pas de pratiquer l'isolement nécessaire, on fit choix de l'emplacement actuel, qui satisfait complètement aux données imposées dans l'intérêt de la sûreté publique.

Il en est de même du mode de construction qui a été suivi dans toutes les parties du théâtre. Ainsi, les divers planchers sont construits en charpente de fer et maçonnés en poteries; les combles sont également en fer, et couverts en ardoises; le mur au droit de l'avant-scène, et séparant le théâtre de la salle, s'élève en gradins au-dessus des combles de ces deux parties; enfin un rideau mobile en treillis de fer a été disposé en cet endroit.

Au besoin, on trouverait des détails intéressans de ces constructions en fer, et d'autres de même nature, dans un ouvrage qui vient d'être publié à ce sujet par M. Eck, architecte, sous le titre de *Traité de construction en poteries et fer, etc.* (Paris, Biosse, 1836.)

L'emplacement, sur lequel il existait des constructions considérables (l'ancien hôtel Murinais), a été acheté 585,515 fr.

La démolition de ces anciennes constructions et l'exécution de la totalité des travaux ont eu lieu en moins de dix mois, et ont occasionné une dépense de 1,347,944 fr.

On évalue que cette dépense eût été moindre d'environ *un cinquième* sans les faux frais considérables qu'a entraînés la nécessité de pousser les travaux pendant tout l'hiver, tant de nuit que de jour.

La machinerie du théâtre entre dans le montant de la dépense pour . . . . 69,000 fr.
Et la peinture de décor pour. 17,000

La salle peut contenir près de 2,000 personnes, dont 600 dans l'amphithéâtre de l'étage supérieur.

PROMENADE ET FONTAINE MONTYON,

A MARSEILLE (BOUCHES-DU-RHÔNE);

Par feu M. PENCHAUD, architecte.

1808.

1 planche numérotée 70.

Les travaux de terrassement, les murs de soutènement et les plantations de cette place ont coûté. . . . . . 50,000 fr.
Et la fontaine, exécutée en pierre dure. . . .

En tout. . . . . 40,000 fr.

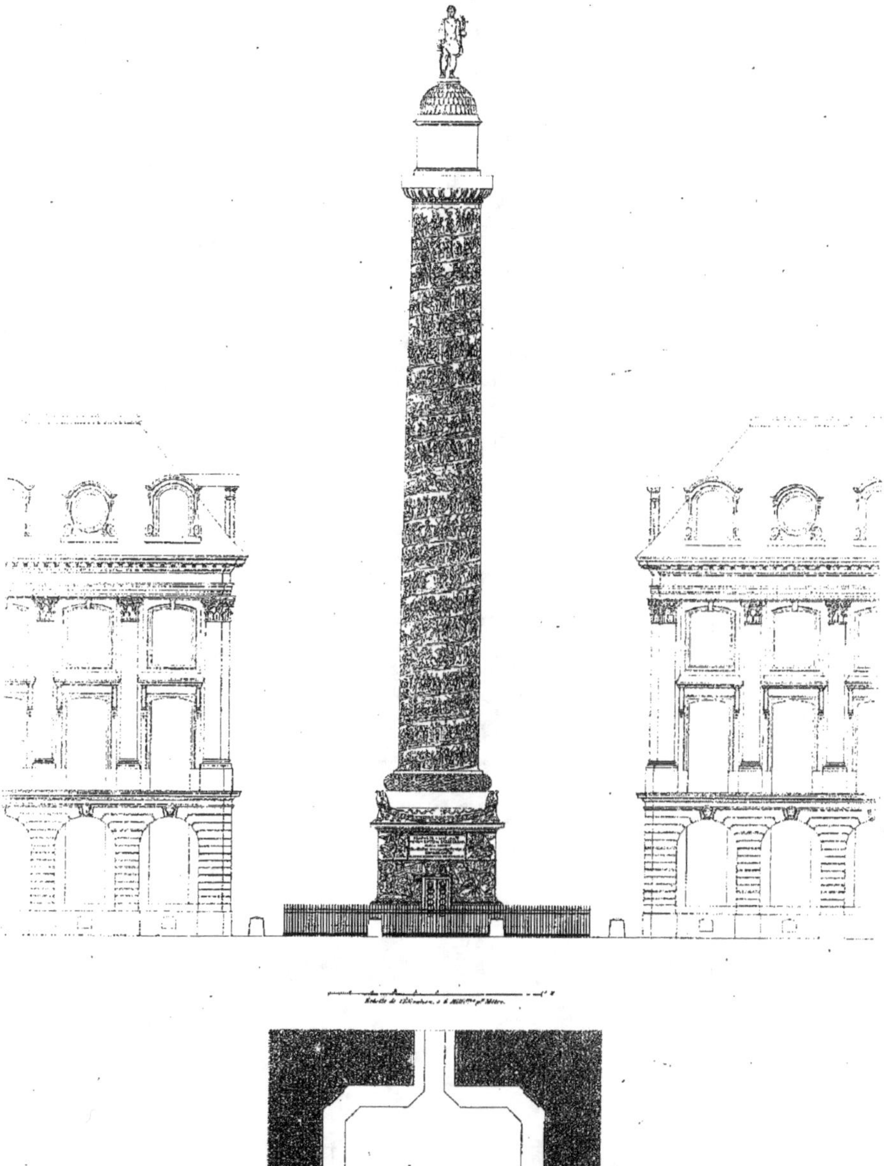

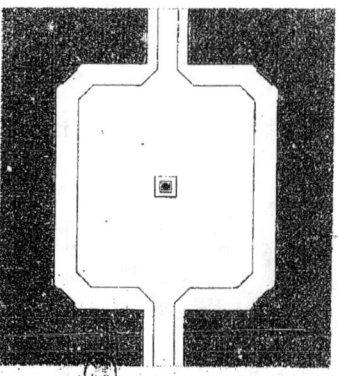

Colonne de la Grande Armée, érigée sur la Place Vendôme, à Paris (Seine)

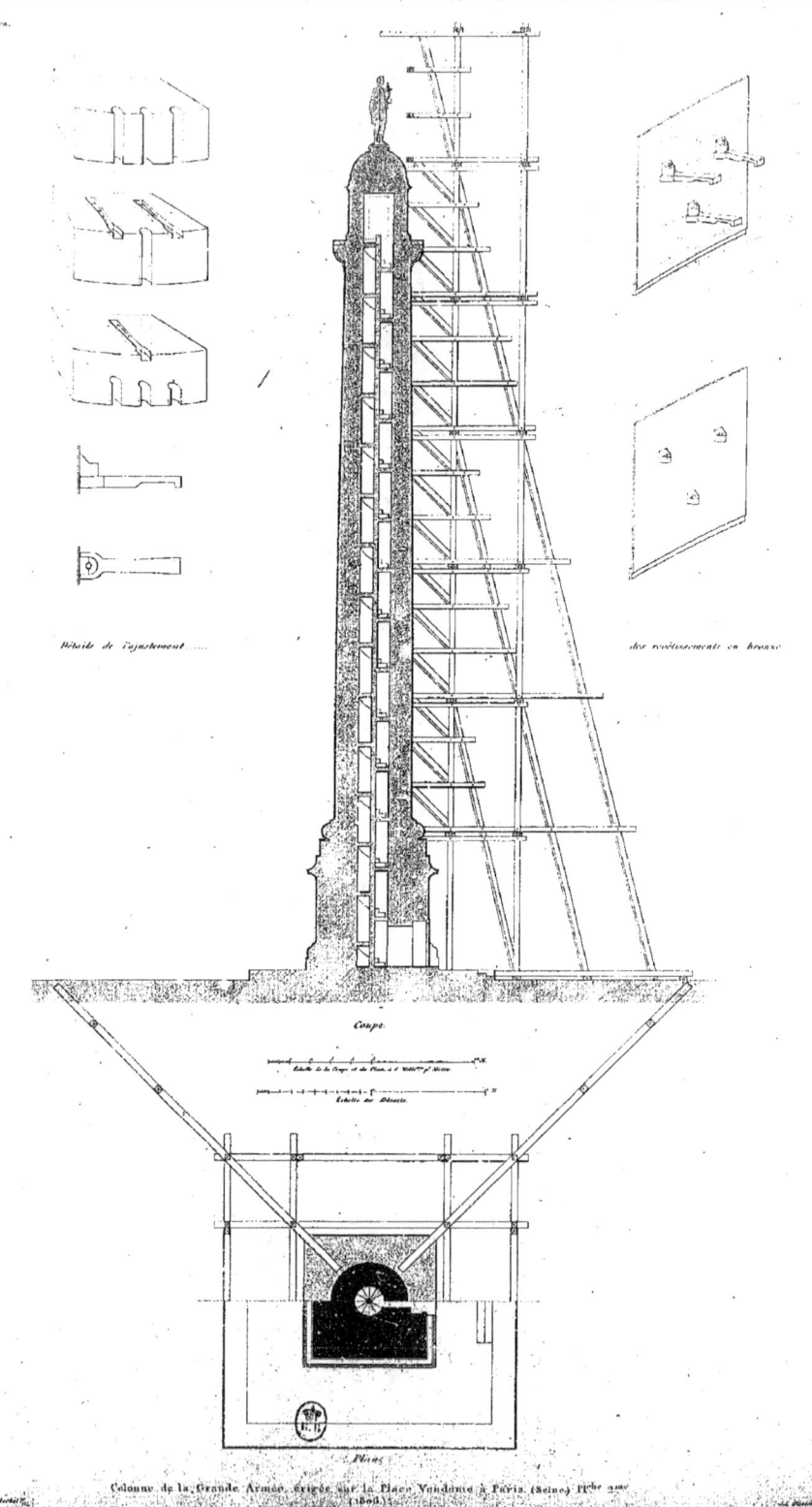

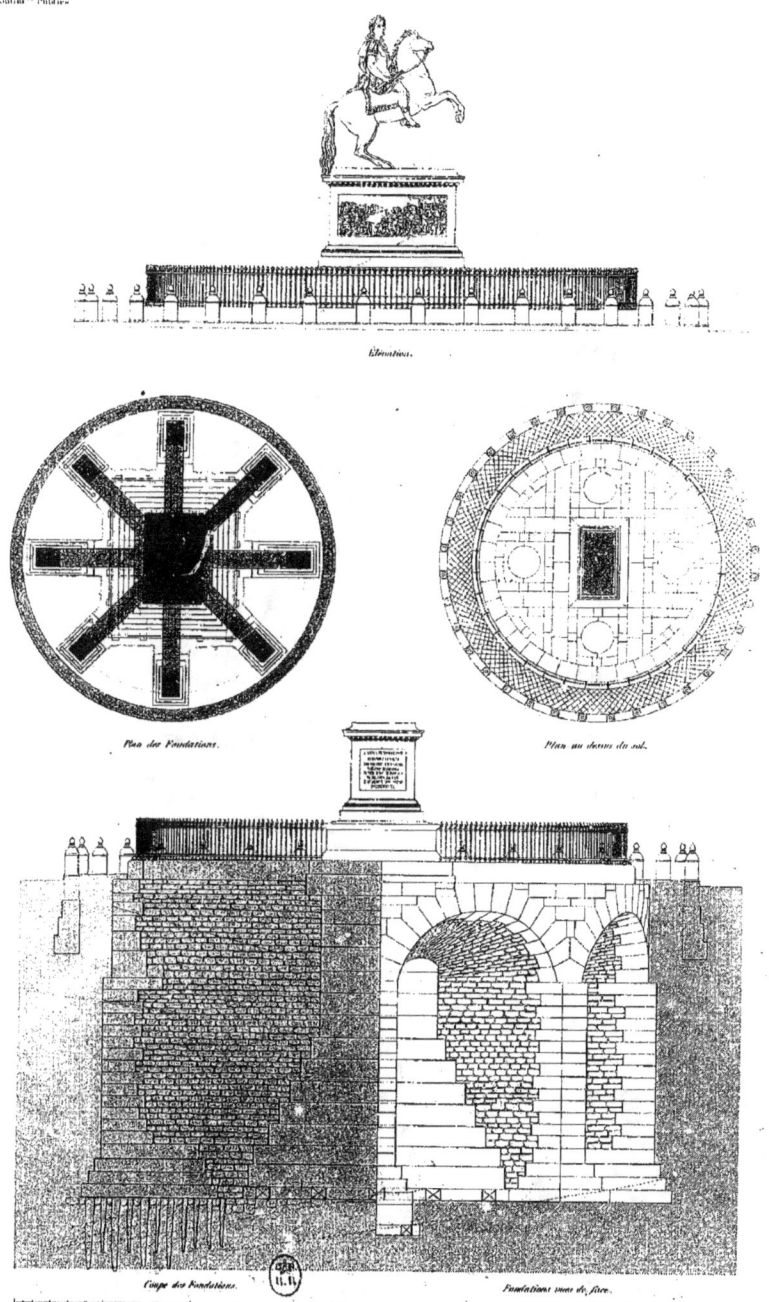

Monument à Louis XIV, sur la Place des Victoires à Paris.
(1822)

Monuments Publics.

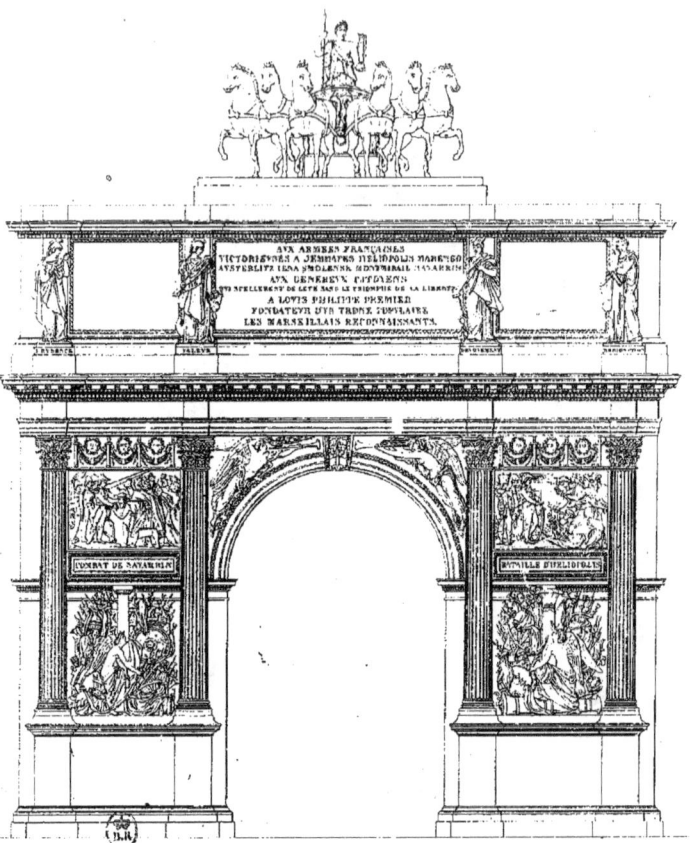

Élévation Principale.

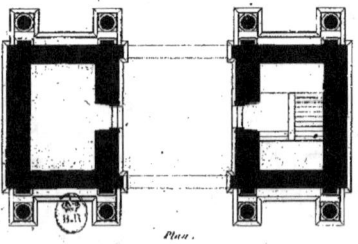

Plan.

Arc de Triomphe, construit à Marseille (Bouches-du-Rhône) Pl.che 1.re

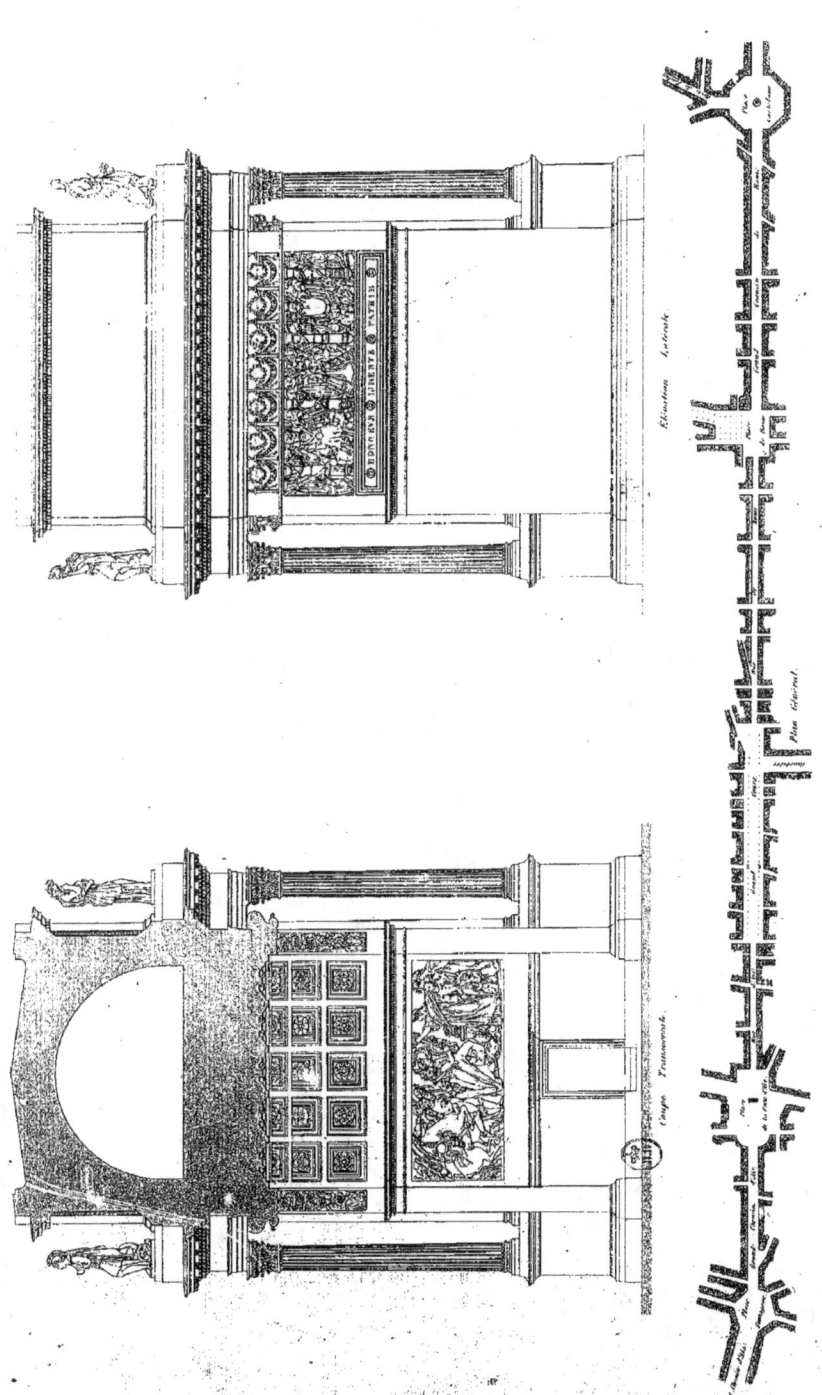

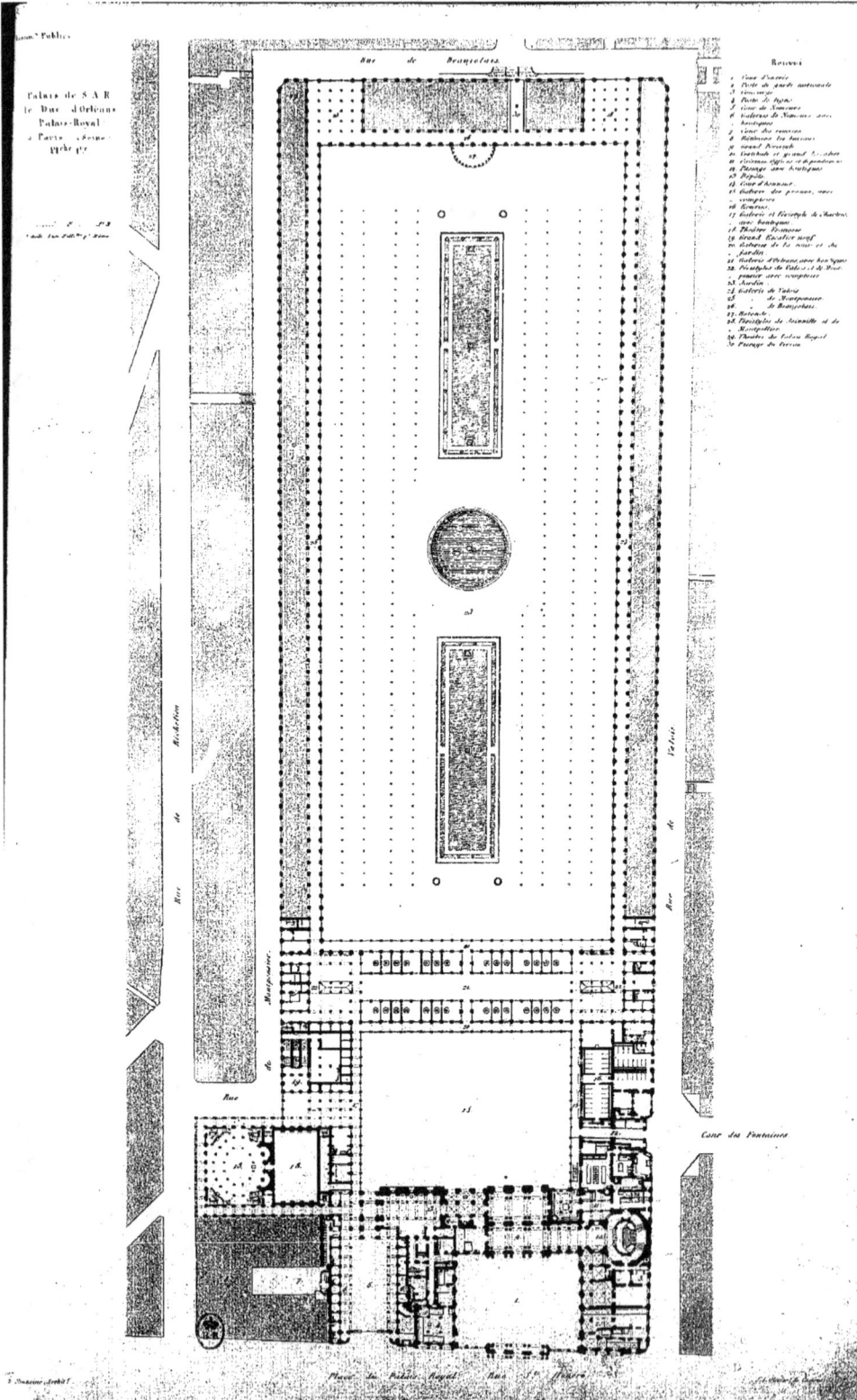

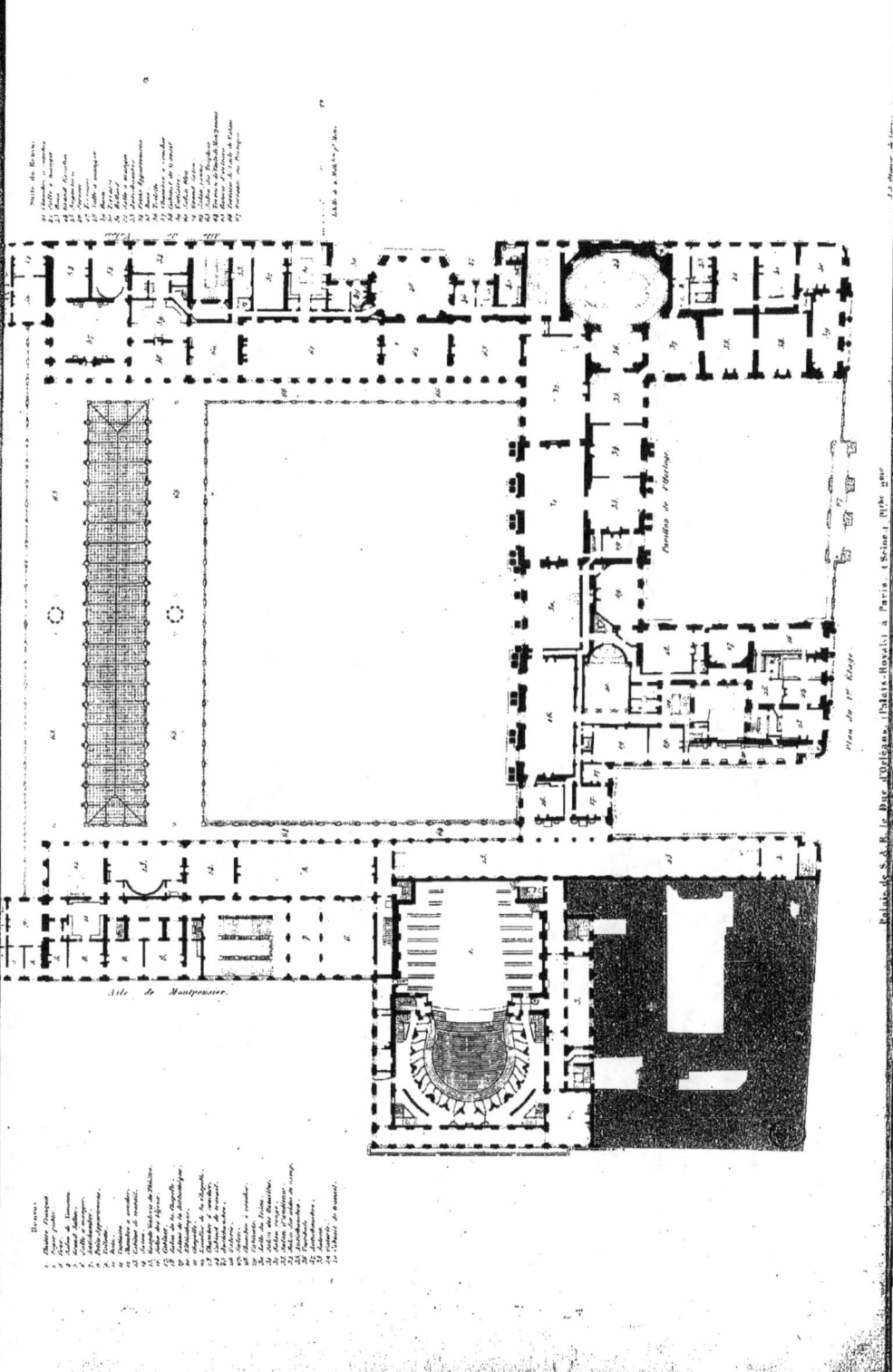

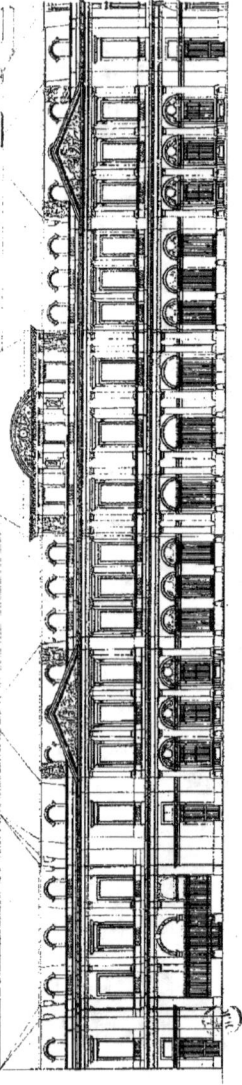

Élévation Principale sur la Rue St Honoré.

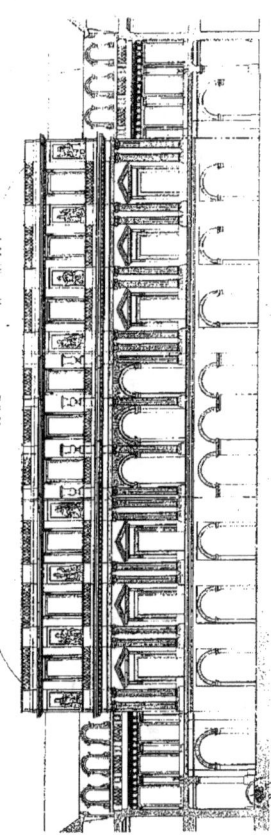

Élévation sur la Cour d'Honneur.

Palais de S. A. R. le Duc d'Orléans (Palais-Royal) à Paris (Seine), première série.

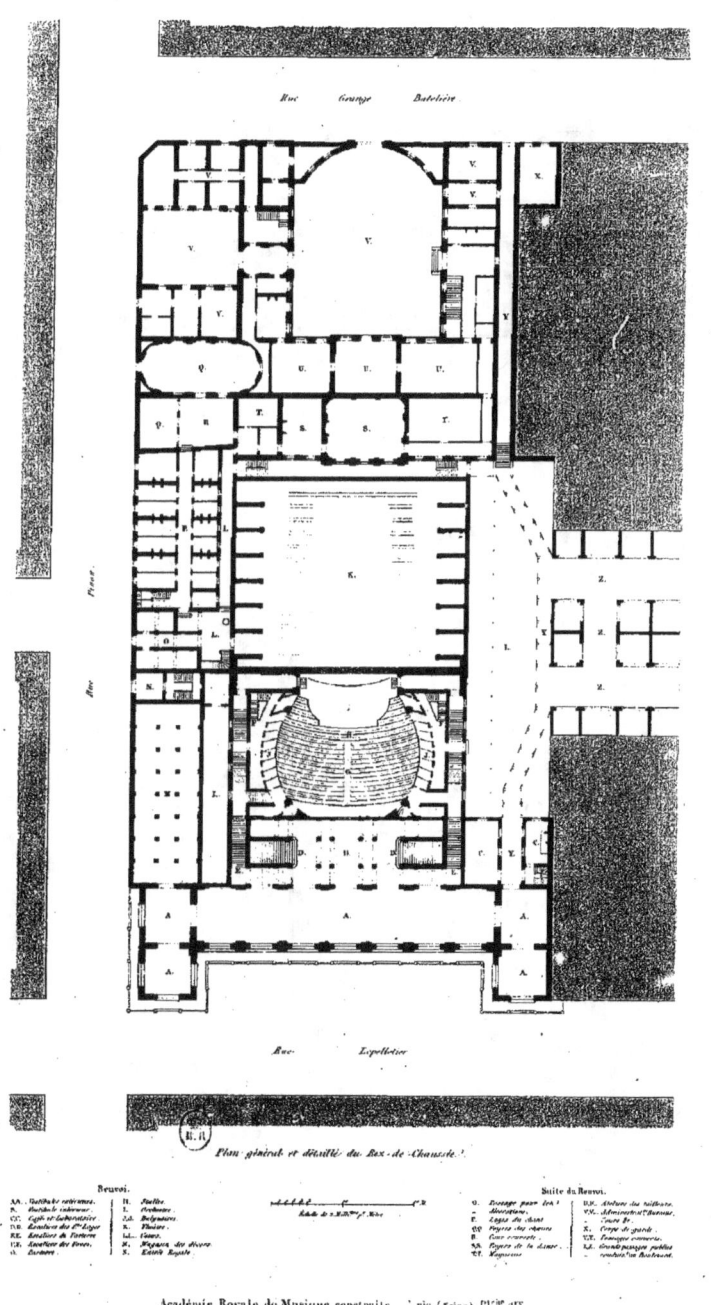

Plan général et détaillé du Rez-de-Chaussée.

Académie Royale de Musique construite (1820.)

Monuments Publics.

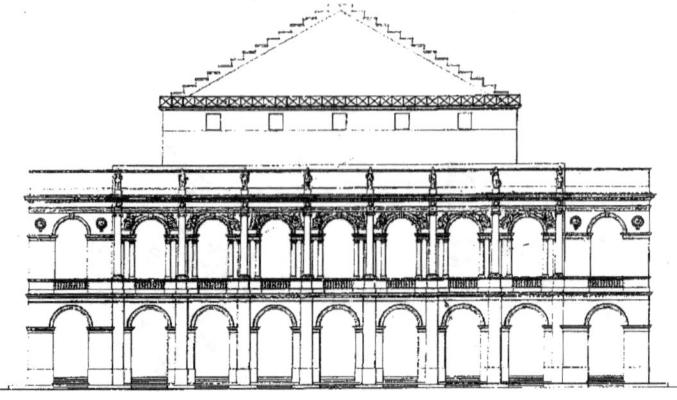

Élévation.

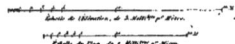

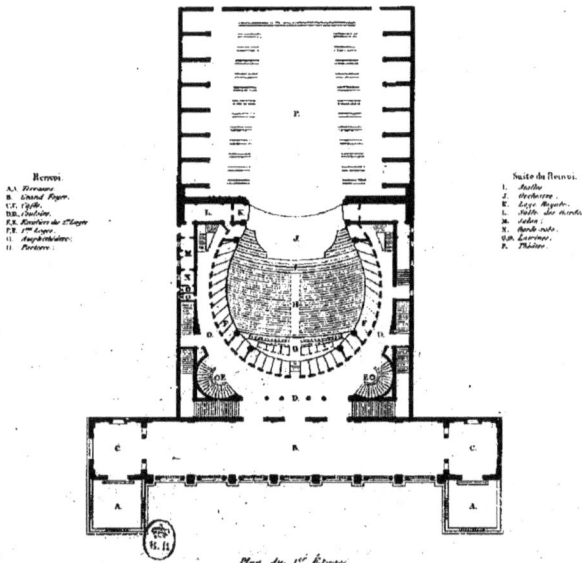

Plan du 1.er Étage.

Académie Royale de Musique construite à Paris. (Seine.) Pl.^{he} 9.me
(1820.)

Monuments Publics.

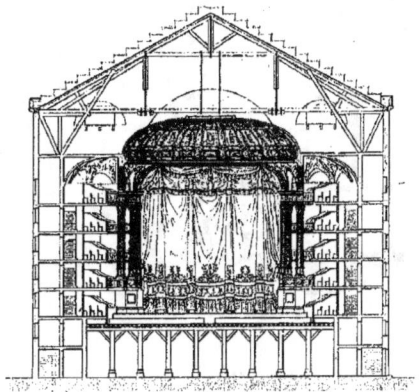

Coupe Transversale.

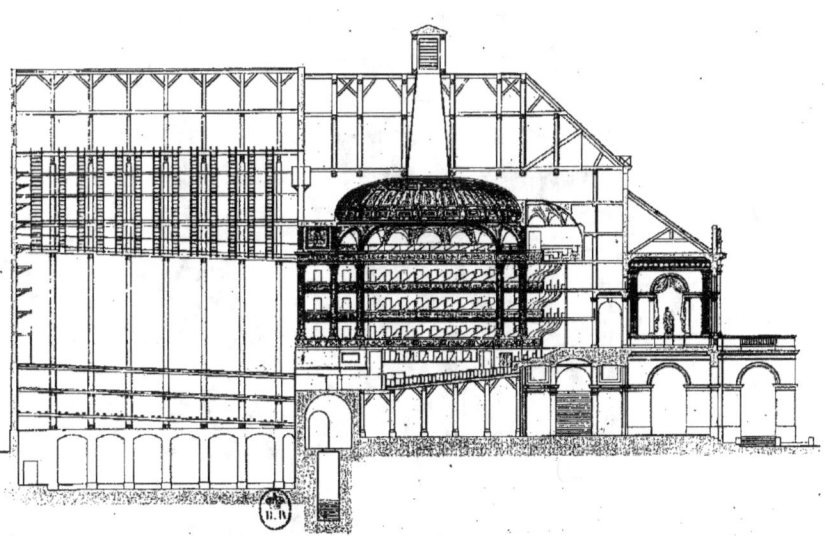

Coupe Longitudinale.

Académie Royale de Musique, construite à Paris. (Seine.) Pl.che 3.me
(1820.)

Monuments Publics

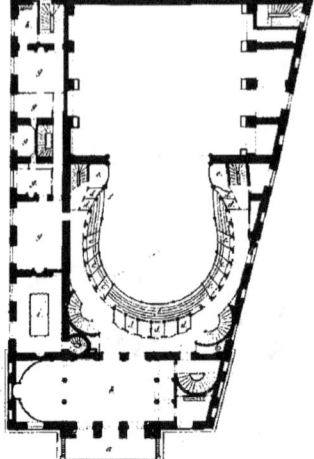

Plan au niveau du Foyer et des 2.mes Loges.

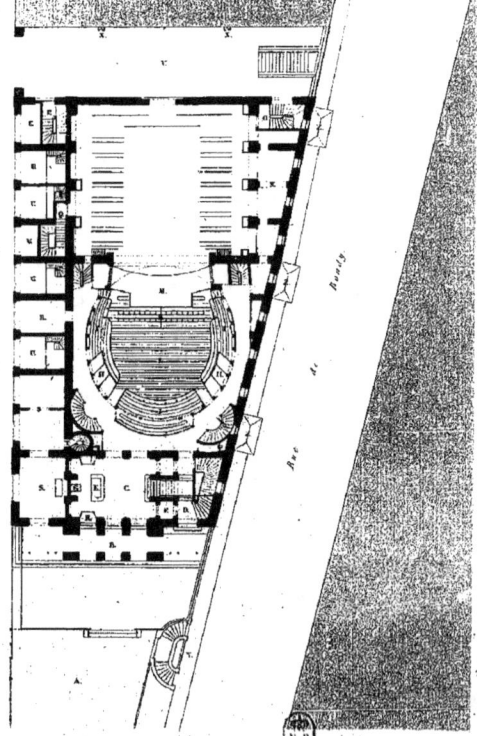

Plan du Rez-de-Chaussée.

Théâtre de l'Ambigu-Comique, construit à Paris. (Seine.) Pl. 1re
(1829)

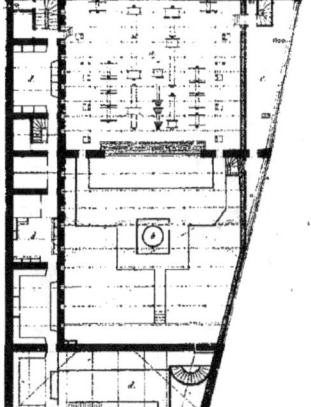

Plan au niveau du Cintre.

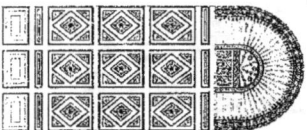

Plafond du Foyer.

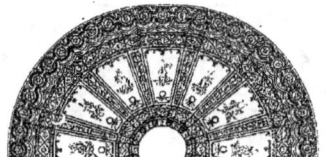

Plafond de la Salle.

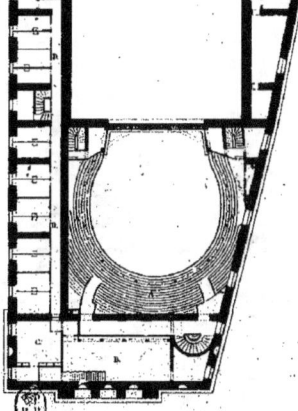

Plan au niveau de l'Amphithéâtre.

Théâtre de l'Ambigu-Comique, construit à Paris. (Seine.)
(1829)

Monuments Publics.

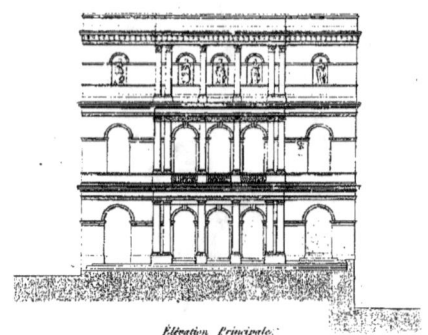

Élévation Principale.

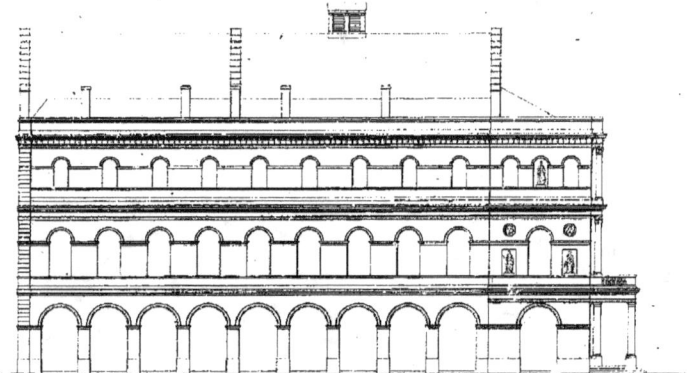

Élévation Latérale sur le Boulevart.

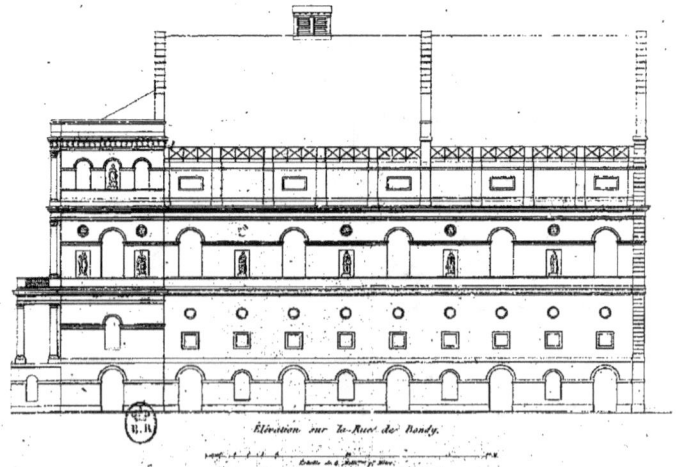

Élévation sur la Rue de Bondy.

Théâtre de l'Ambigu-Comique, construit à Paris, (Seine). Pl.che 3.me
(1829)

Monuments Publics.

Coupe Transversale au droit de la Salle.

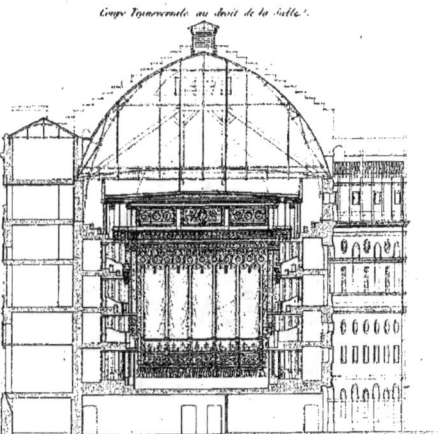

Coupe Longitudinale.

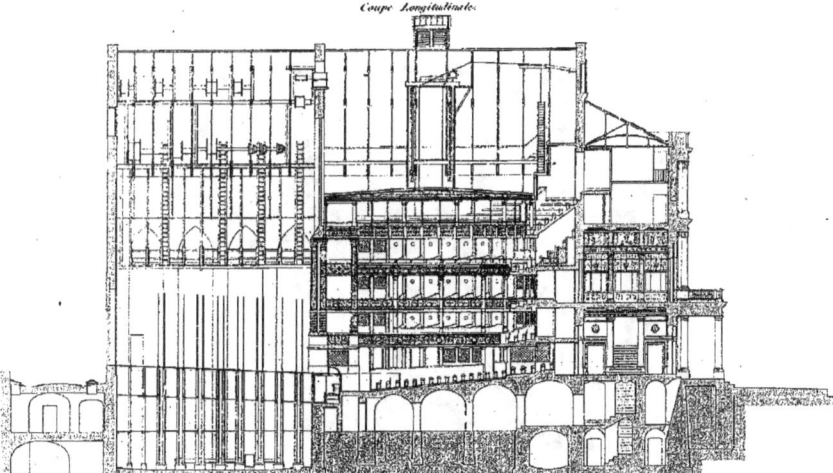

Coupe Transversale au droit du Foyer.

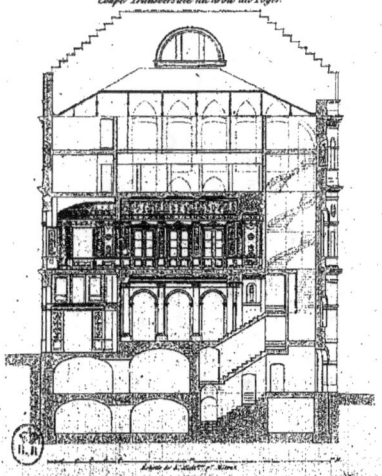

Théâtre de l'Ambigu-Comique, construit à Paris (Seine) Pl. 4.

Monuments Publics

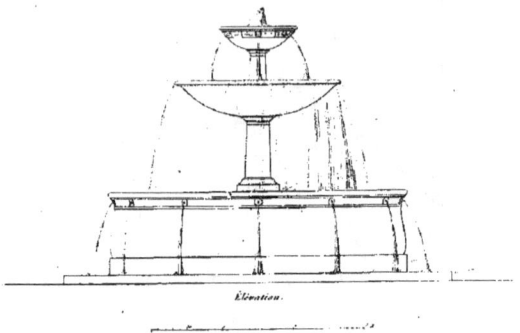

Élévation.

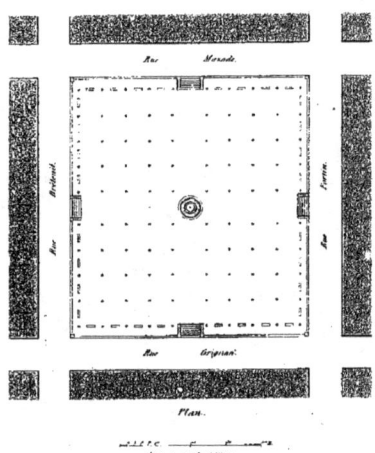

Plan.

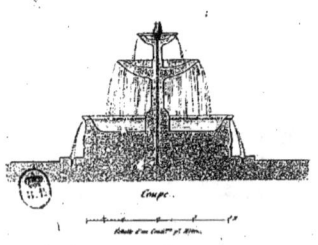

Coupe.

Promenade et Fontaine Montyhion, exécutées à Marseille. (Bouches-du-Rhône)
(1808.)

NEUVIÈME SECTION.

ÉDIFICES FUNÉRAIRES.

Nous plaçons dans ce volume les chapelles funéraires construites à Paris, rue d'Anjou, et à Orange, ainsi que le tombeau élevé au général Foy. Dans le volume suivant, cette section comprendra principalement les chapelles funéraires de Quiberon, par M. Caristie.

CHAPELLE FUNÉRAIRE,

A PARIS, rue d'Anjou (SEINE);

Par M. FONTAINE, architecte du Roi, membre de l'Institut.

1815 à 1826.

2 planches numérotées 179 et 180.

Cette chapelle a été élevée sur l'emplacement de l'ancien cimetière de la Madeleine, dans lequel avaient été inhumés Louis XVI et Marie-Antoinette. Leurs dépouilles mortelles furent retrouvées à l'endroit occupé maintenant par l'autel placé dans la crypte, au-dessous de la chapelle même; elles ont été transférées dans l'église royale de Saint-Denis.

Ce monument, construit entièrement aux frais de la cassette particulière du feu roi Louis XVIII, a coûté environ 2,000,000 de fr.

CHAPELLE FUNÉRAIRE,

A ORANGE (VAUCLUSE);

Par M. CARISTIE, architecte, maintenant membre du Conseil des bâtimens civils.

1825 à 1830.

1 planche numérotée 42.

En 1830, il restait à achever une partie de la voûte de cette chapelle. Depuis cette époque, les travaux ont été suspendus, et il a été question de faire de cet édifice un Musée, où seraient réunies les antiquités qu'on trouve à Orange et dans les environs.

La dépense totale devait s'élever à 46,000 fr., dont environ 30,000 ont été dépensés.

TOMBEAU DU GÉNÉRAL FOY,

A PARIS, Cimetière du Père-Lachaise (SEINE);

Par M. LÉON VAUDOYER, architecte, et M. DAVID, statuaire, membre de l'Institut.

1826.

1 planche numérotée 198.

Une souscription nationale ayant été ouverte pour élever un tombeau au général Foy, en même temps que pour doter ses enfans, il fut institué un concours, à la suite duquel la composition que nous représentons ici fut choisie, et exécutée.

La statue et les différens bas-reliefs qui ornent ce tombeau sont en marbre, et ont été gravés et publiés par M. Le Roux (Paris, 1831).

La dépense s'est élevée à peu près :
Pour les travaux de construction, à. . . . . . . 50,000 fr.
Et pour ceux de statuaire, à. 40,000
En tout. 90,000

Édifices Funéraires.

A. Vestibule.
D.B. Portes rapportées provenant de
l'ancien Cimetière.
C.C. Galerie des Tombeaux.

D. Chapelle.
E.E. Tombeaux de Louis XVI et de
Marie Antoinette.
F.F. Sacristie et Vestiaire.

Plan Détaillé.

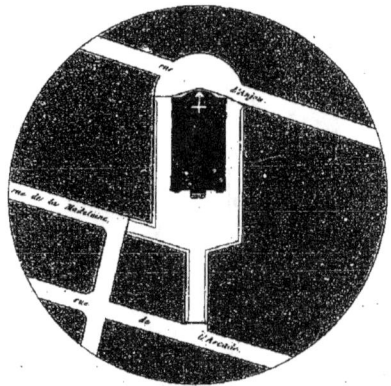

Plan Général.
(avec indication de la Chapelle souterraine.)

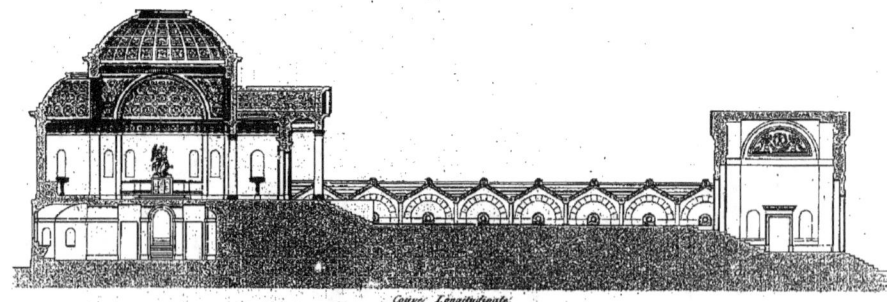

Coupe Longitudinale.

Chapelle Funéraire exécutée à Paris, rue d'Anjou. (Seine.) Planche 1ère.

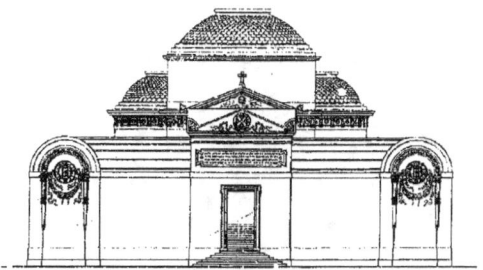

Élévation au droit de l'Entrée.

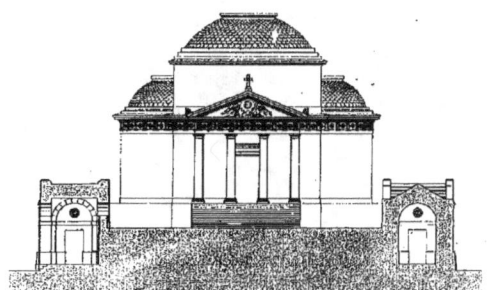

Élévation de la Chapelle.

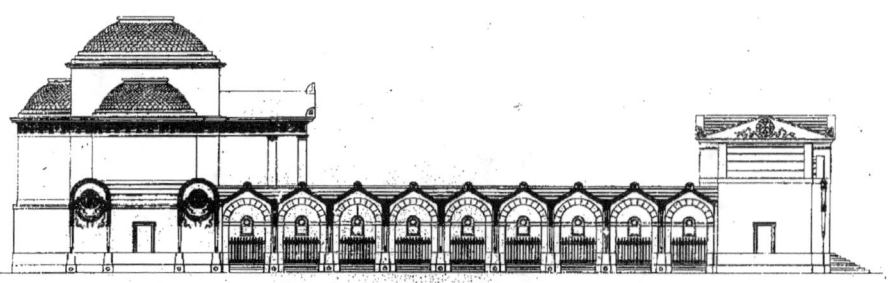

Élévation Latérale.

Chapelle Funéraire exécutée à Paris, rue d'Anjou. (Seine.)

Édif.** Funéraires.

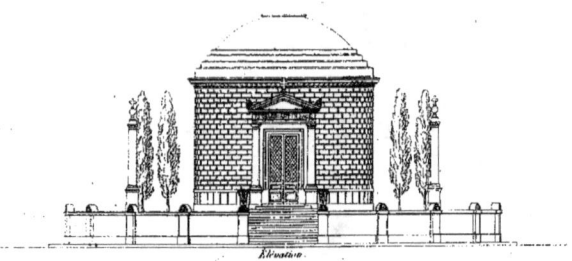

Élévation.

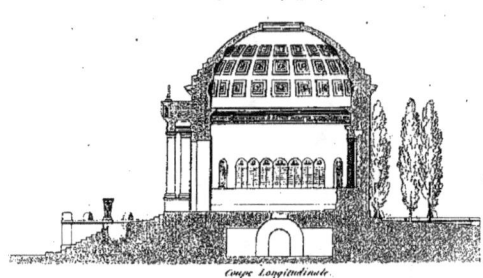

Coupe Longitudinale.

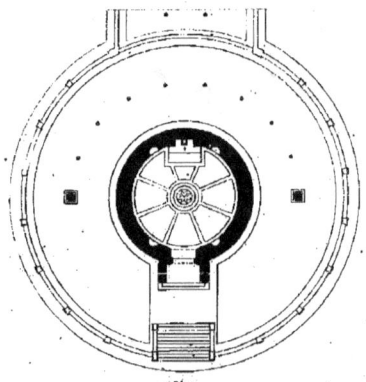

Plan.

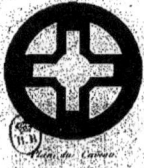

Monument funèbre construit à Orange (Vaucluse)
(1855)

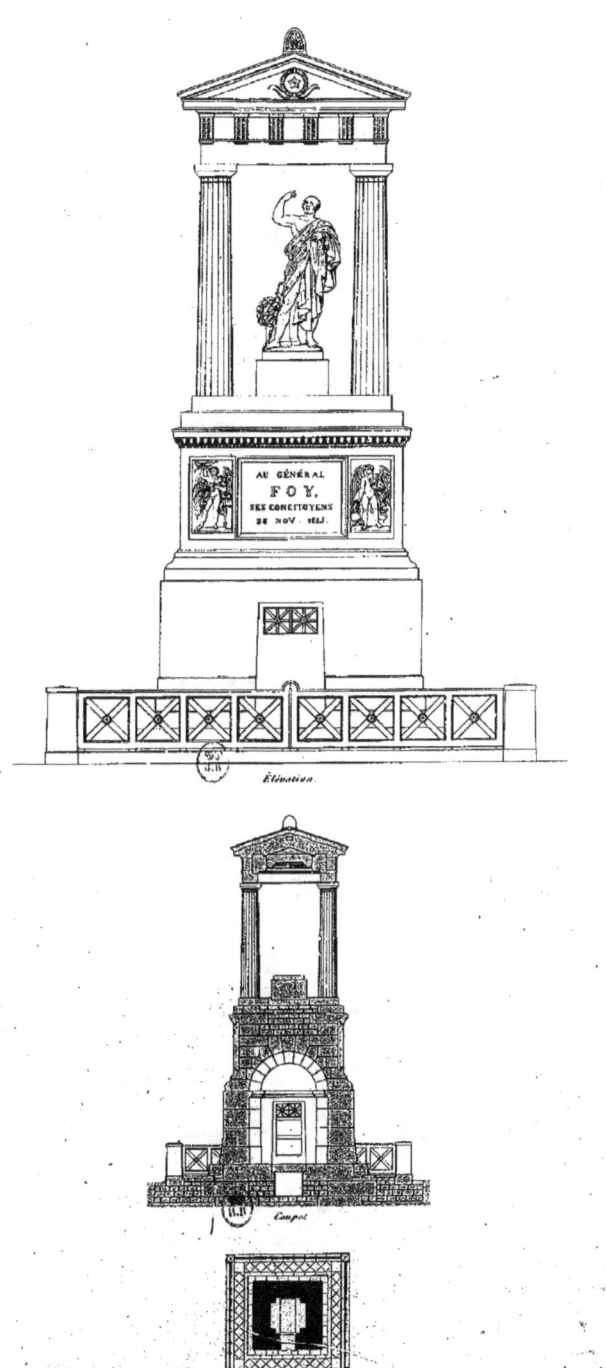

Tombeau du Général Foy, au Cimetière du Père La Chaise à Paris (Seine).

DIXIÈME SECTION.

ÉDIFICES MIXTES.

Ainsi que nous l'avons déjà indiqué, nous avons dû adopter cette dénomination dans deux cas particuliers qui ne nous permettaient pas de classer quelques édifices dans une des sections spéciales qui précèdent.

Souvent d'abord, plusieurs édifices distincts, et ayant une destination plus ou moins différente, se trouvent construits l'un à côté de l'autre, de façon à former un ensemble qu'il convenait de représenter dans les mêmes planches. Ce cas est, en général, celui dont nous donnerons des exemples dans ce volume; comme chacun de ces ensembles est formé d'édifices ayant entre eux une certaine analogie et des rapports obligés, leur rapprochement n'a rien que de convenable et d'avantageux.

Quelquefois aussi, des localités affectées à des services plus ou moins différens se trouvent réunies dans un seul et même édifice. Ce parti n'est pas toujours sans inconvénient; mais, comme il peut arriver qu'on y soit conduit par des raisons d'économie ou par des convenances locales plus ou moins fondées, nous en offrirons peut-être quelques exemples dans le volume suivant.

HOTEL-DE-VILLE, TRIBUNAL ET MAISON D'ARRÊT,

A CLERMONT-FERRAND (PUY-DE-DÔME);

Par M. LEDRU, architecte du département.

1825 à 1838.

3 planches numérotées 13, 14 et 15.

Cet édifice considérable n'est pas encore entièrement exécuté.

TRIBUNAL,

Par feu M. PENCHAUD, architecte du département des Bouches-du-Rhône.

ET MAISON D'ARRÊT, DE JUSTICE ET DE CORRECTION,

Par M. BALTARD père, et M. LANTOIN, architecte du département;

A DRAGUIGNAN (VAR).

1824.

2 planches numérotées 71 et 72.

On voit, par le plan, qu'indépendamment du rapprochement fort convenable qui existe entre ces deux édifices, ils sont en outre à proximité des casernes de gendarmerie et de ligne qui occupent les bâtimens voisins.

La population des prisons est à peu près de 100 à 150 individus, tant hommes que femmes.

Ces deux édifices sont construits ainsi qu'il suit: toutes les parties des murs de face portant saillies ou moulures sont construites en pierre calcaire très-dure, ainsi que les cadres des ouvertures à rez-de-chaussée; ceux des ouvertures au-dessus du rez-de-chaussée sont en briques; le surplus des murs est en moellon. Diverses parties du rez-de-chaussée de la prison sont voûtées en briques posées à plat sur bain de mortier, etc.

La dépense des constructions s'est élevée:

Pour le tribunal, à environ. . . . . 50,000 fr.
Et pour les prisons, à 128,000

Ensemble. . . . . . . 178,000 fr.

CASERNE DE GENDARMERIE ET MAISON D'ARRÊT,

A MARSEILLE (BOUCHES-DU-RHÔNE);

Par feu M. PENCHAUD, architecte, directeur des travaux publics du département.

1820 à 1825.

2 planches numérotées 87 et 88.

Ces édifices ont été construits dans l'ancien jardin des Présentines, près de la porte d'Aix, acquis à cet effet par la ville pour environ 39,000 fr.

La caserne, construite d'abord ainsi qu'elle est représentée ici pour le logement de trois brigades, a coûté à peu près 176,000 fr.

Au moyen de l'exhaussement d'un nouvel étage,
on y a placé depuis deux brigades de plus.

Cette addition a coûté. 20,000

Ce qui fait en tout. . . . . 196,000 fr.

La maison d'arrêt est disposée pour 60 individus tant hommes que femmes. Sa construction a coûté environ 179,000 fr.

MARCHÉ ET SALLE DE RÉUNION PUBLIQUE,

A JOIGNY (YONNE);

Par feu M. HURTAULT, architecte, membre de l'Institut.

1825.

2 planches numérotées 5 et 6.

La salle de réunion publique a récemment été disposée pour servir de salle de spectacle.

L'ancienne porte Saint-Jacques, qui est représentée sur le plan, a été détruite récemment. Cela est d'autant plus regrettable qu'elle offrait le plus grand intérêt, tant par son antiquité que par les détails remarquables de son architecture.

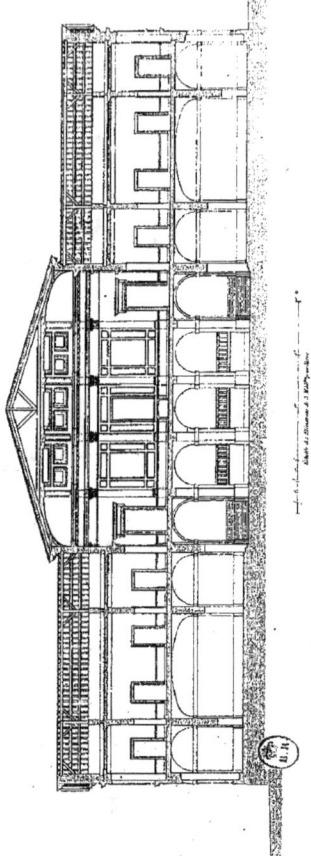

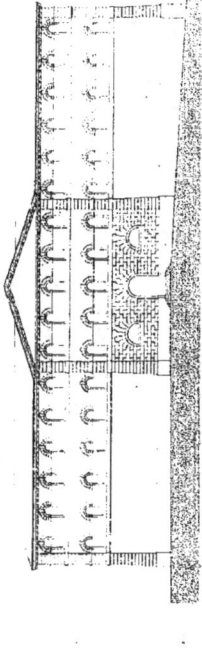
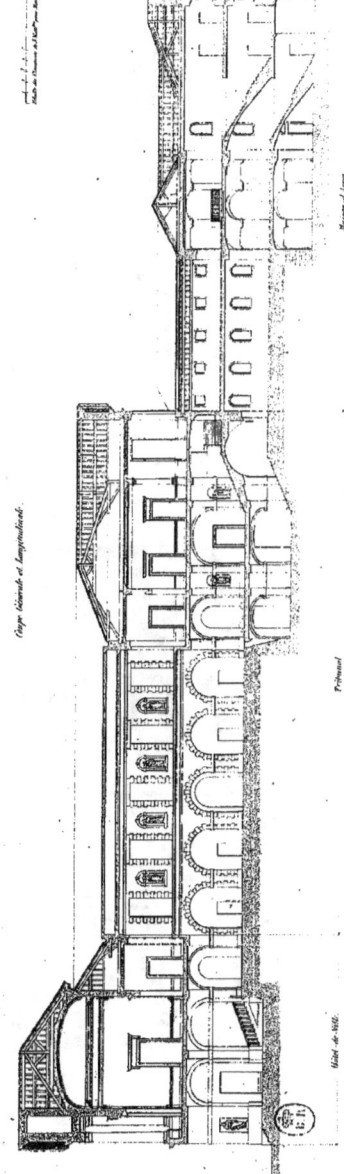

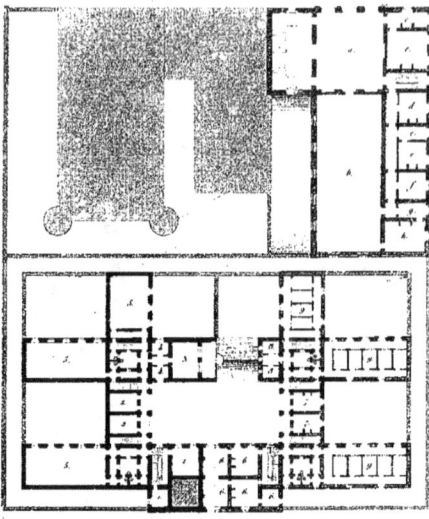
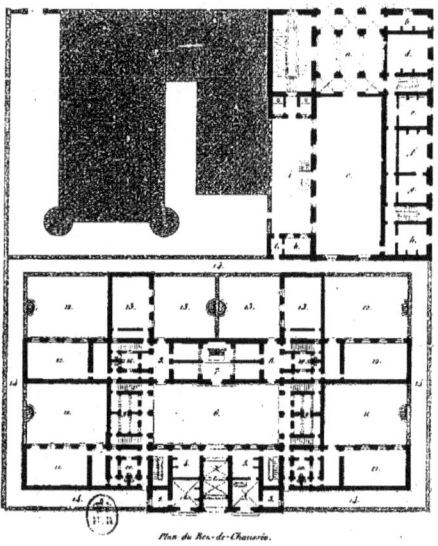

Palais de Justice, et Maisons d'Arrêt, de Justice et de Correction réunies, exécutés à Draguignan (Var).
(1824)

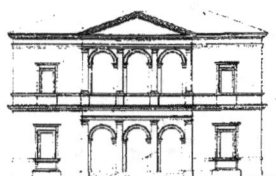

Élévation du Palais de Justice.

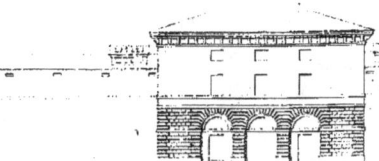

Élévation de la Prison.

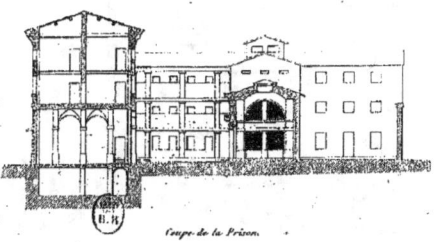

Coupe de la Prison.

Palais de Justice, et Maisons d'Arrêt, de Justice et de Correction réunies, exécutés à Draguignan. (Var.)
(1824.)

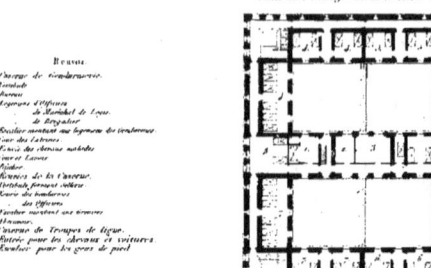

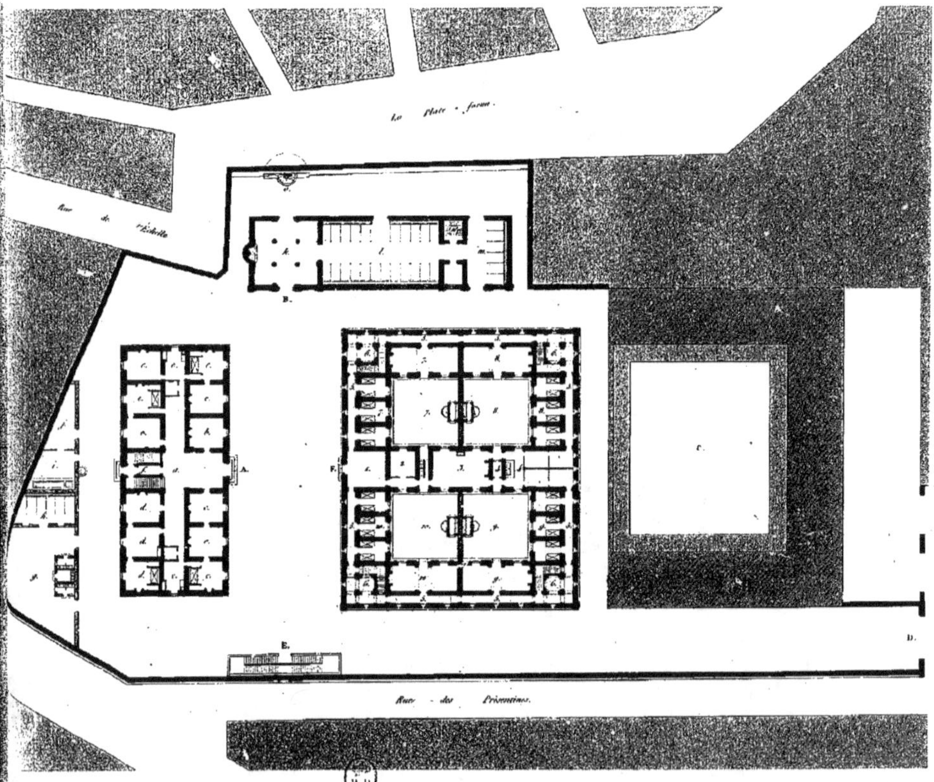

Caserne de Gendarmerie, et Maison-d'Arrêt, construites à Marseille. (Bouches-du-Rhône.)
(1820.)

Etabl.t de Sûreté Publique.

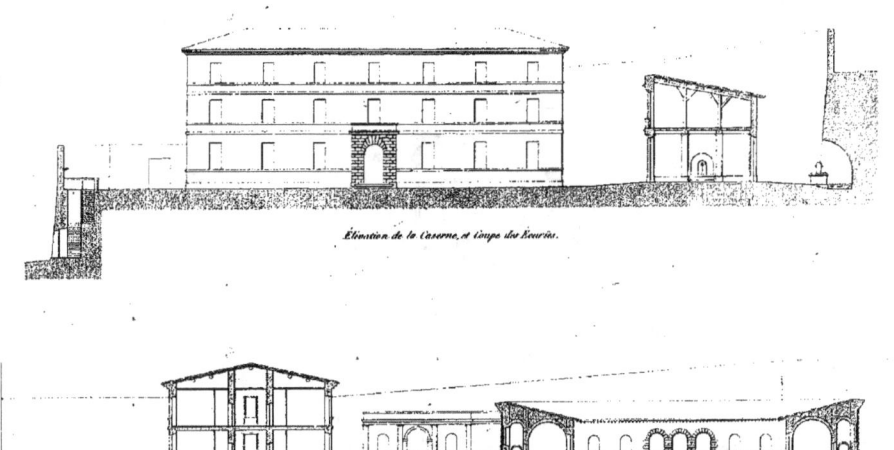

Élévation de la Caserne, et Coupe des Écuries.

Coupes de la Caserne et de la Maison d'Arrêt.

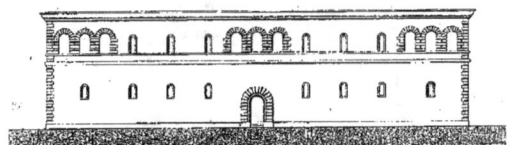

Élévation de la Maison d'Arrêt.

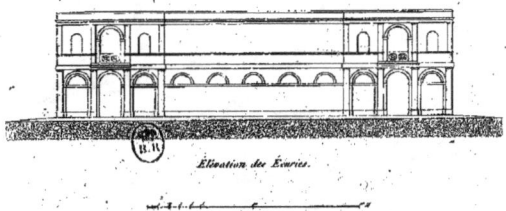

Élévation des Écuries.

Caserne de Gendarmerie, et Maison d'Arrêt, construites à Marseille (Bouches-du-Rhône) P.r Mr. ...
(1840.)

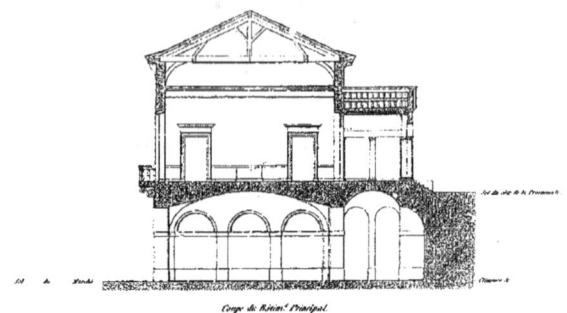

Coupe du Bâtiment Principal.

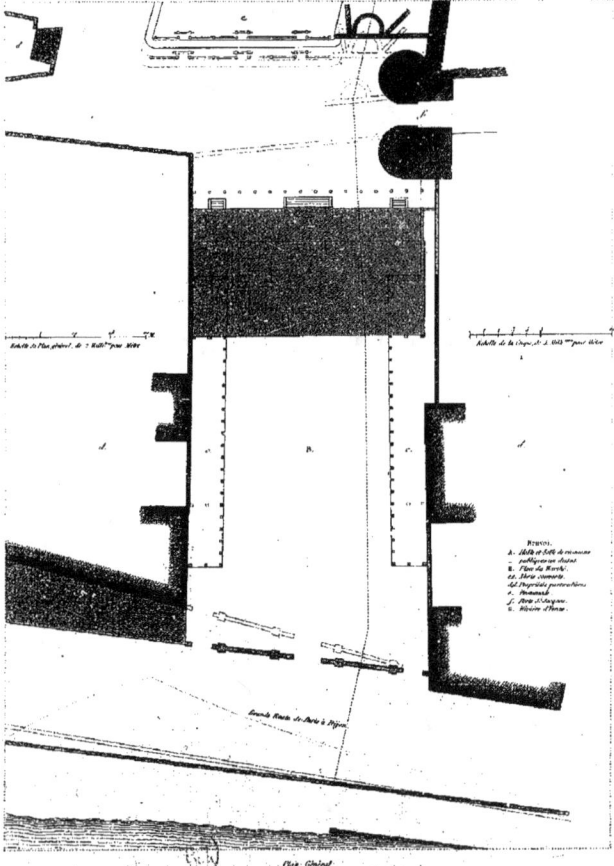

Plan Général.

Marché, Halle aux Blés, et Salle de réunions publiques, projetés pour Joigny (Yonne) Pl. 1re.

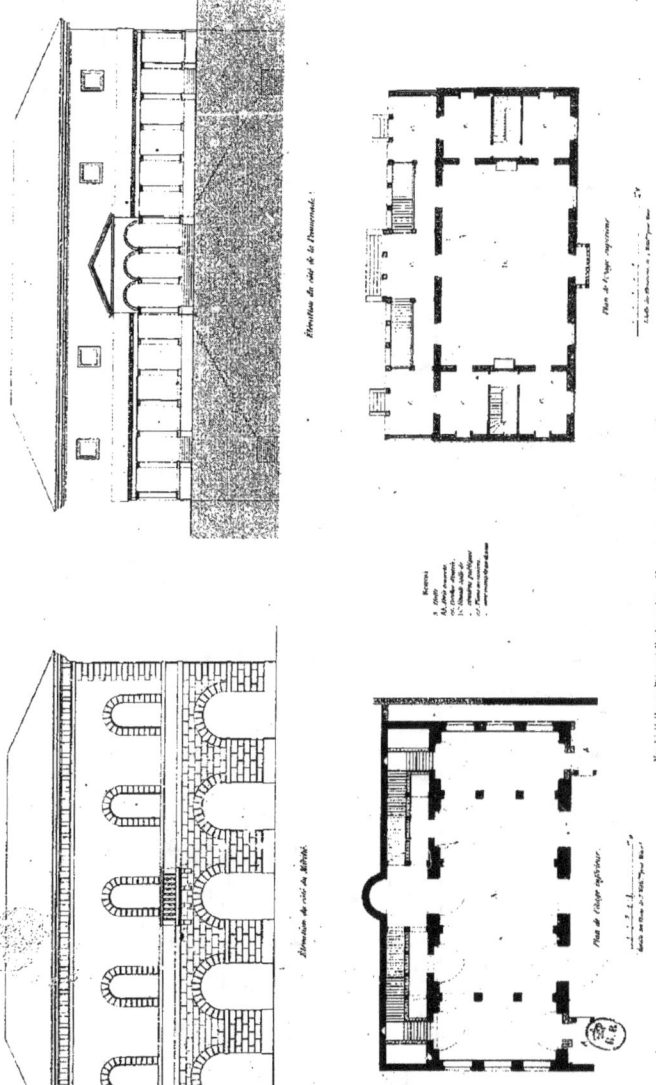

TABLEAU G[...]
PAR ORDRE DE [...]
DES ÉDIFICES CONTENUS DA[...]

DIVISIONS PRINCIPALES.	ÉDIFICES.		VILLES.	DÉPARTEMENS.	ÉPOQUE de la CONSTRUCTION.	NOMS des ARCHITECTES.	NOMBRE DE PLANCHES.	NUMÉROS des PLANCHES.
						MM.		
1° ÉDIFICES RELIGIEUX.	ÉGLISES PAROISSIALES	de Notre-Dame-de-Lorette	Paris	Seine	1823 à 1836	H. Lebas	3	115, 116, 117.
		de Saint-Vincent	Mâcon	Saône-et-Loire	1810	Feu Guy de Gisors	3	7, 8, 50.
		Bercy		Seine	1823	Chatillon	2	31, 32.
	ÉGLISE SUCCURSALE		Noisy-le-Sec	Idem	1824	Guennepin	1	1.
	CHAPELLE		Les Herbiers	Vendée	1823	Macquet	1	157.
	ÉVÊCHÉ		Le Puy	Haute-Loire	1829	Ledru	2	193, 194.
	SÉMINAIRE		Moulins	Allier	1828 à 1836	Agnety	2	67, 68.
	PRESBYTÈRE		Langon	Gironde	1825	Poitevin	1	2.
	TEMPLE PROTESTANT		Marseille	Bouches-du-Rhône	1824	Feu Penchaud	1	23.
	SYNAGOGUE		Paris (rue N.-D. de Nazareth.)	Seine	1819 à 1820	Feu Sandrié	1	195.
2° ÉDIFICES ADMINISTRATIFS.	CHAMBRE DES DÉPUTÉS et Salle Provisoire		Paris	Seine	1828 à 1833	De Joly	5	184, 185, 186, 122, 123.
	MINISTÈRE DES FINANCES		Idem (rue de Rivoli)	Idem	1812 à 1827	Destailleur	4	109, 110, 111, 112.
	HÔTELS	de Préfecture	Ajaccio	Corse	1822	A. de Gisors	2	9, 10.
			Épinal	Vosges	1824 à 1827	Grillot	2	26, 27.
		de Ville	Moulins	Allier	1824	Agnety	2	58, 50.
			Sedan	Ardennes	1822	Delerue	1	75.
		des Monnaies	Nantes	Loire-Inférieure	1825	Grengembre	2	203, 204.
3° ÉDIFICES JUDICIAIRES.	PALAIS-DE-JUSTICE		Aix	Bouches-du-Rhône	1822 à 1832	Feu Penchaud	2	91, 92.
	COUR D'ASSISES ET TRIBUNAL CIVIL		Valence	Drôme	1824	Chabrol	1	127.
	TRIBUNAL DE 1re INSTANCE		Saint-Lô	Manche	1827	Van Cléemputte (Henry)	1	37.
4° ÉDIFICES D'INSTRUCTION PUBLIQUE.	COLLÈGE		Rochefort	Charente-Infér.	1828 à 1830	Gardes	2	159, 160.
	ÉCOLES	d'enseignement mutuel	Paris (rue Ste-Élisabeth)	Seine	1832	Maingoy	1	184.
		chrétienne	Amiens	Somme	1824	Cheussey	1	36.
	BIBLIOTHÈQUE PUBLIQUE		Idem	Idem	Idem	Idem	2	34, 35.
	JARDIN DE BOTANIQUE		Marseille	Bouches-du-Rhône	1803 à 1810	Feu Penchaud	2	58, 59.
	MUSÉE		Tours	Indre-et-Loire	1825	Guérin	1	206.
5° ÉDIFICES SANITAIRES.	LAZARET		Ratonneau (Ile de)	Bouches-du-Rhône	1824 à 1826	Feu Penchaud	2	76, 77.
	HÔPITAL		Bordeaux	Gironde	1824 à 1829	Burguet	4	105, 106, 107, 108.
	HOSPICES	Saint-Michel	Saint-Mandé	Seine	1827 à 1830	Destailleur	2	113, 114.
			Fréjus	Var	1828	Lantoin	1	69.
	ASILES DÉPARTEMENTAUX D'ALIÉNÉS		Rouen	Seine-Inférieure	1821 à 1827	Jouannin et Grégoire	2	128, 129.
			Le Mans	Sarthe	1828 à 1836	Delarue	2	151, 152.
	ÉTABLISSEMENS THERMAUX		Mont-d'Or	Puy-de-Dôme	1822	Ledru	4	55, 56, 57, 211.
			Bagnères-de-Bigorre	Hautes-Pyrénées	1825		1	153.

TABLEAU GÉNÉRAL,
PAR ORDRE DE CLASSEMENT,
ÉDIFICES CONTENUS DANS CE PREMIER VOLUME.

NOMS des ARCHITECTES.	NOMBRE DE PLANCHES.	NUMÉROS des PLANCHES.	DIVISIONS PRINCIPALES.	ÉDIFICES.		VILLES.	DÉPARTEMENS.	ÉPOQUE de la CONSTRUCTION.	
MM.									MM.
H. Lebas	3	115, 116, 117.		Bourse et Tribunal de Commerce		Paris	Seine	1808 à 1827	Feu B
Feu Guy de Gisors	3	7, 8, 50.		Entrepôt réel des Douanes		Idem (place du Marais)	Idem	1833 à 1834	Grilz
Chatillon	2	51, 52.		Entrepôt général des Vins et Eaux-de-vie		Idem	Idem	1811 à 1836	Gauc
Guennepin	1	1.			aux Blés	Falaise	Calvados	1824 à 1827	Leva
Macquet	1	157.	6ᵉ ÉDIFICES	Halles	aux Blés	Rennes	Ille-et-Vilaine	1821	Feu G
Lebru	2	105, 104.	D'UTILITÉ		aux Toiles	Idem	Idem	1821	Idem
Agnety	2	67, 68.	PUBLIQUE.		aux Viandes, Légumes et Poissons	Paris (aux Carmes)	Seine	1813	Vaud
Poitevin	1	2.		Marchés	au Poisson	Angers	Maine-et-Loire	1833	Lacr
Feu Penchaud	1	23.			aux Vaches grasses	Paris	Seine	1824 à 1820	Huv
Feu Sandrié	1	105.			aux Chevaux	Idem	Idem	1820	Lahu
				Abattoirs	à Bœufs, Veaux et Moutons	Idem (bar. de Villejuif)	Idem	1812 à 1820	Feu L
					à Porcs	Nanterre	Idem	1810 à 1820	Blanc
De Joly	5	181,185,186,122,125.							
Destailleur	4	109, 110, 111, 112.		Caserne de Gendarmerie		Paris (rue Mouffetard)	Seine	1824 à 1830	Roma
A. de Gisors	2	9, 10.		Corps-de-garde	de Pompiers	Idem	Idem	1828	A. de
Gallot	2	26, 27.	7ᵉ ÉDIFICES		avec Bureau d'octroi	Saint-Étienne	Loire	1816	Dalg
Agnety	2	58, 59.	DE SÛRETÉ		d'arrêt	Cherbourg	Manche	1821	Mout
Delarue	1	75.	PUBLIQUE.			Lorient	Morbihan	1824	Luss
Gengembre	2	203, 204.		Maisons	de correction	Lyon	Rhône	1830	Balt
					de police, d'arrêt, de justice, et de correction	Saintes	Charente-Infér.	1831 à 1832	Bros
Feu Penchaud	2	91, 92.			centrale de détention (pour hommes)	Melun	Seine-et-Marne	1812 à 1836	Feu
Charond	1	127.							
Van Cléemputte (Henry)	1	37.							
				Colonne de la Grande-Armée		Paris	Seine	1806 à 1810	Lepè
				Statue de Louis XIV		Idem	Idem	1816 à 1822	Feu
Gardes	2	159, 160.		Arc de Triomphe		Marseille	Bouches-du-Rhône	1823 à 1832	Feu
Maingot	1	184.	8ᵉ MONUMENTS	Palais du duc d'Orléans (Palais-Royal)		Paris	Seine	1814 à 1833	Font
Creusot	1	36.	PUBLICS.	Théâtre	de l'Opéra (Académie royale de Musique)	Idem	Idem	1820 à 1821	Debr
Idem	2	54, 55.			de l'Ambigu-Comique	Idem	Idem	1827 à 1828	Hitt
Feu Penchaud	2	58, 59.		Promenade et fontaine Montyon		Marseille	Bouches-du-Rhône	1808	Feu
Guérin	1	200.							
			9ᵉ ÉDIFICES	Chapelles		Paris (rue d'Anjou)	Seine	1815 à 1820	Fons
Feu Penchaud	2	76, 77.	FUNÉRAIRES.			Orange	Vaucluse	1825 à 1830	Cari
Burguet	4	105, 106, 107, 108.		Tombeau du général Foy		Paris	Seine	1820	Vaud
Destailleur	2	113, 114.							
Lantoin	1	69.		Hôtel-de-Ville, Tribunal et Maison d'arrêt		Clermont-Ferrand	Puy-de-Dôme	1825 à 1836	Leb
Jouannin et Grégoire	2	128, 129.		Tribunal		Draguignan	Var	1824	Feu
Delarue	2	151, 152.	10ᵉ ÉDIFICES	Maison d'arrêt, de justice et de correction					Balt
Ledru	4	53, 56, 57, 211.	MIXTES.	Caserne de Gendarmerie et Maison d'arrêt		Marseille	Bouches-du-Rhône	1820 à 1823	Feu
	1	153.		Marché et Salle de réunion		Joigny	Yonne	1823	Feu

GÉNÉRAL,

CLASSEMENT,

DANS CE PREMIER VOLUME.

DIVISIONS PRINCIPALES.	ÉDIFICES.		VILLES.	DÉPARTEMENS.	ÉPOQUE de la CONSTRUCTION.	NOMS des ARCHITECTES.	NOMBRE DE PLANCHES.	NUMÉROS des PLANCHES.
						MM.		
6° ÉDIFICES D'UTILITÉ PUBLIQUE.	Bourse et Tribunal de Commerce.		Paris.	Seine.	1808 à 1827.	Feu Brongniart et Labarre.	3	61, 62, 63.
	Entrepôt réel des Douanes.		Idem (place des Marais).	Idem.	1833 à 1834.	Grillon.	3	189, 190, 191.
	Entrepôt général des Vins et Eaux-de-vie.		Idem.	Idem.	1811 à 1836.	Gauché.	4	134, 135, 136, 137.
	Halles	aux Blés.	Falaise.	Calvados.	1824 à 1827.	Levavasseur.	1	12.
		aux Toiles.	Rennes.	Ille-et-Vilaine.	1821.	Feu Gobier.	1	16.
		aux Toiles.	Idem.	Idem.	1821.	Idem.	1	17.
		aux Viandes, Légumes et Poissons.	Paris (aux Carmes).	Seine.	1815.	Vaudoyer.	2	147, 148.
	Marchés	au Poisson.	Angers.	Maine-et-Loire.	1833.	Lachèse.	1	202.
		aux Vaches grasses.	Paris.	Seine.	1825 à 1826.	Huvé.	1	45.
		aux Chevaux.	Idem.	Idem.	1820.	Lahure.	2	167, 168.
	Abattoirs	à Bœufs, Veaux et Moutons.	Idem (barr. de Villejuif).	Idem.	1812 à 1820.	Feu Leloir.	1	175.
		à Porcs.	Nanterre.	Idem.	1819 à 1820.	Blanchon.	1	173.
7° ÉDIFICES DE SÛRETÉ PUBLIQUE.	Caserne de Gendarmerie.		Paris (rue Mouffetard).	Seine.	1824 à 1830.	Rohault père.	2	74, 75.
	Corps-de-garde.	de Pompiers.	Idem.	Idem.	1828.	A. de Gisors.	1	64.
		avec Bureau d'octroi.	Saint-Étienne.	Loire.	1816.	Dalgabio.	1	64.
	Maisons	d'arrêt.	Cherbourg.	Manche.	1821.	Moutier.	2	23, 24.
		d'arrêt.	Lorient.	Morbihan.	1824.	Lussault.	2	65, 66.
		de correction.	Lyon.	Rhône.	1830.	Baltard.	2	165, 166.
		de police, d'arrêt, de justice, et de correction.	Saintes.	Charente-Infér.	1831 à 1832.	Brossard.	2	145, 146.
		centrale de détention (pour hommes).	Melun.	Seine-et-Marne.	1812 à 1836.	Feu Solente.	2	163, 164.
8° MONUMENTS PUBLICS.	Colonne de la Grande-Armée.		Paris.	Seine.	1806 à 1810.	Lepère et feu Gondoin.	2	155, 156.
	Statue de Louis XIV.		Idem.	Idem.	1816 à 1822.	Feu Alavoine.	1	50.
	Arc de Triomphe.		Marseille.	Bouches-du-Rhône.	1823 à 1832.	Feu Penchaud.	2	199, 200.
	Palais du duc d'Orléans (Palais-Royal).		Paris.	Seine.	1814 à 1835.	Fontaine.	3	207, 208, 209.
	Théâtre	de l'Opéra (Académie royale de Musique).	Idem.	Idem.	1820 à 1821.	Debret.	3	124, 125, 126.
		de l'Ambigu-Comique.	Idem.	Idem.	1827 à 1828.	Hittorf et Lecointe.	4	141, 142, 143, 144.
	Promenade et fontaine Montyon.		Marseille.	Bouches-du-Rhône.	1808.	Feu Penchaud.	1	70.
9° ÉDIFICES FUNÉRAIRES.	Chapelles.		Paris (rue d'Anjou).	Seine.	1815 à 1826.	Fontaine.	2	179, 180.
			Orange.	Vaucluse.	1825 à 1830.	Caristie.	1	42.
	Tombeau du général Foy.		Paris.	Seine.	1826.	Vaudoyer fils.	1	198.
10° ÉDIFICES MIXTES.	Hôtel-de-Ville, Tribunal et Maison d'arrêt.		Clermont-Ferrand.	Puy-de-Dôme.	1825 à 1836.	Ledru.	3	13, 14, 15.
	Tribunal.		Draguignan.	Var.	1824.	Feu Penchaud. Baltard et Lantoin.	2	71, 72.
	Maison d'arrêt, de justice et de correction.							
	Caserne de Gendarmerie et Maison d'arrêt.		Marseille.	Bouches-du-Rhône.	1820 à 1825.	Feu Penchaud.	2	87, 88.
	Marché et Salle de réunion.		Joigny.	Yonne.	1825.	Feu Hurtault.	2	5, 6.

www.ingramcontent.com/pod-product-compliance
Lightning Source LLC
Chambersburg PA
CBHW052258220526
45471CB00001B/388